Art-Thérapie
Coloriage pour adulte

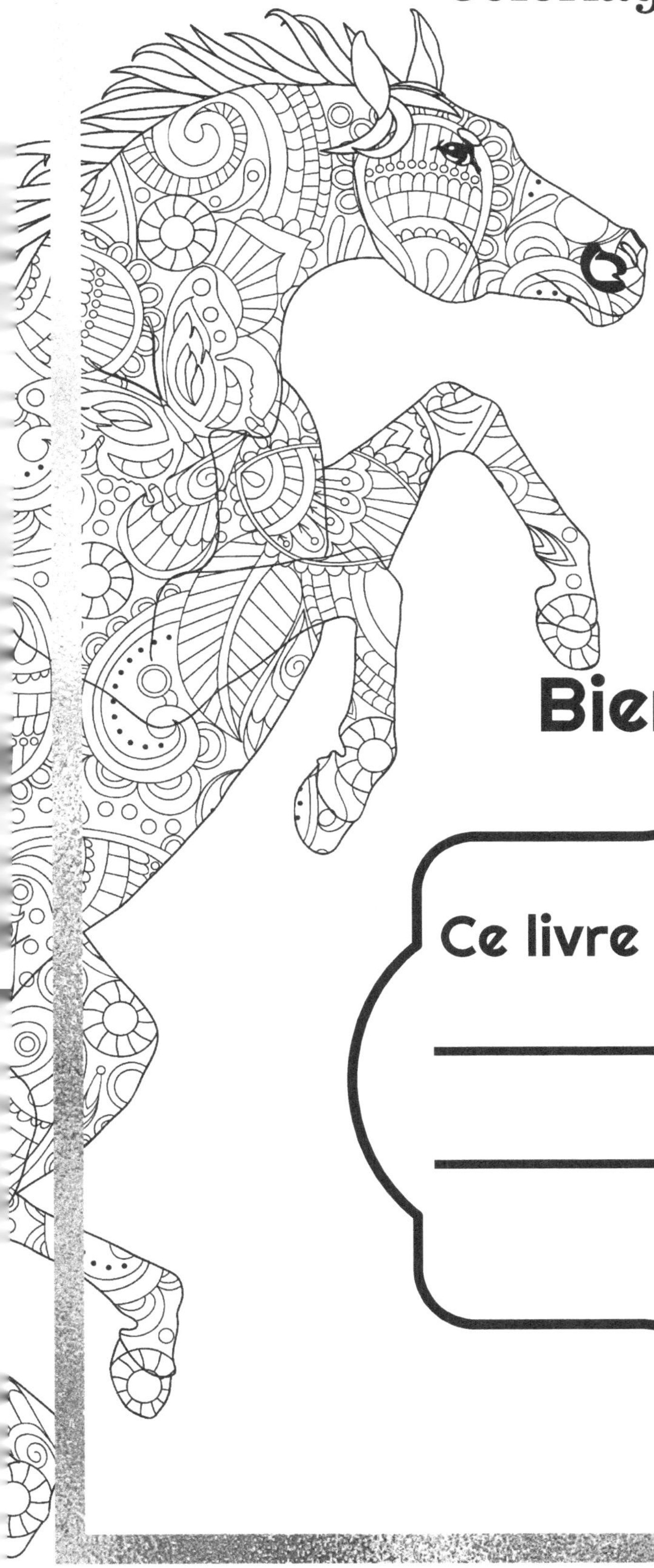

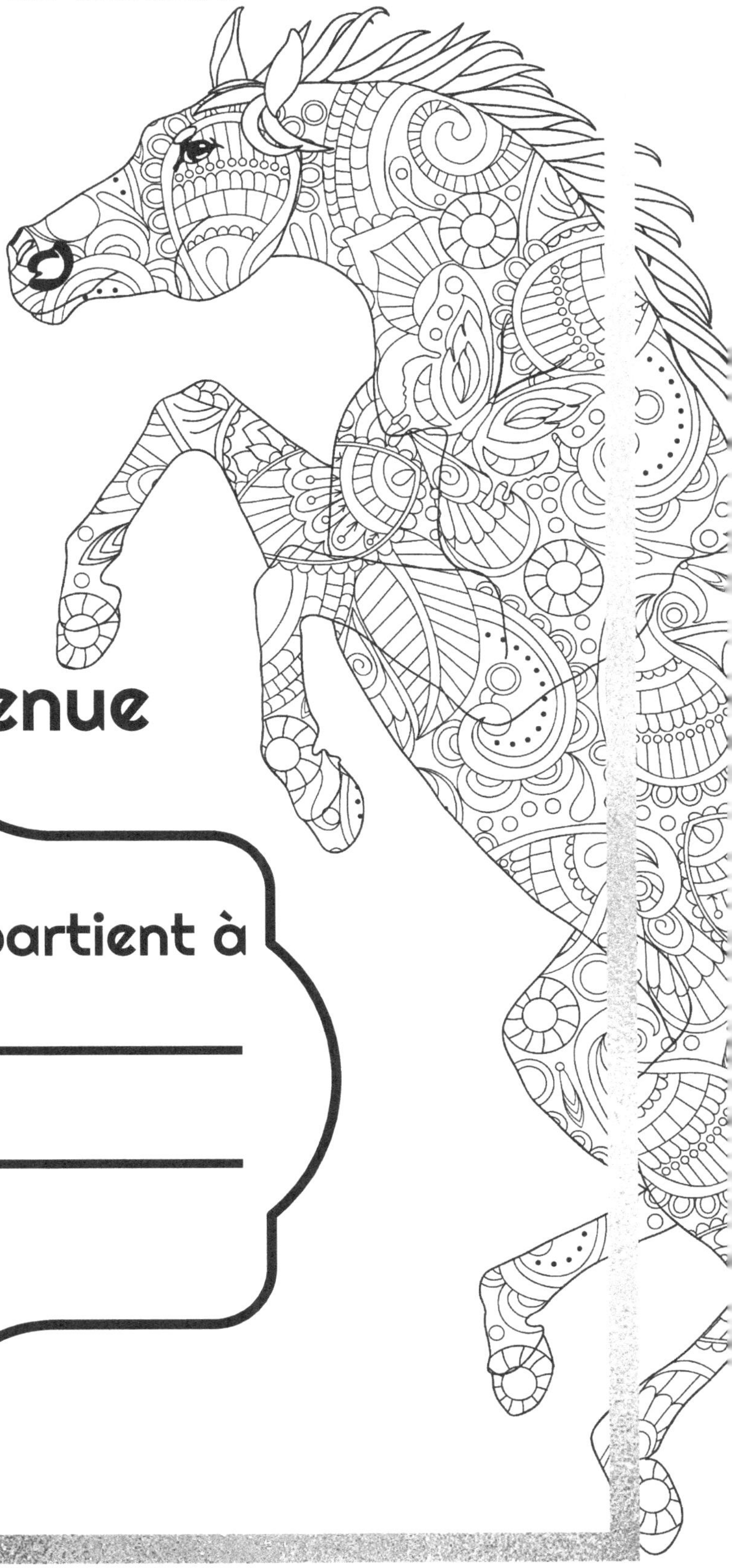

Bienvenue

Ce livre appartient à

_____

_____

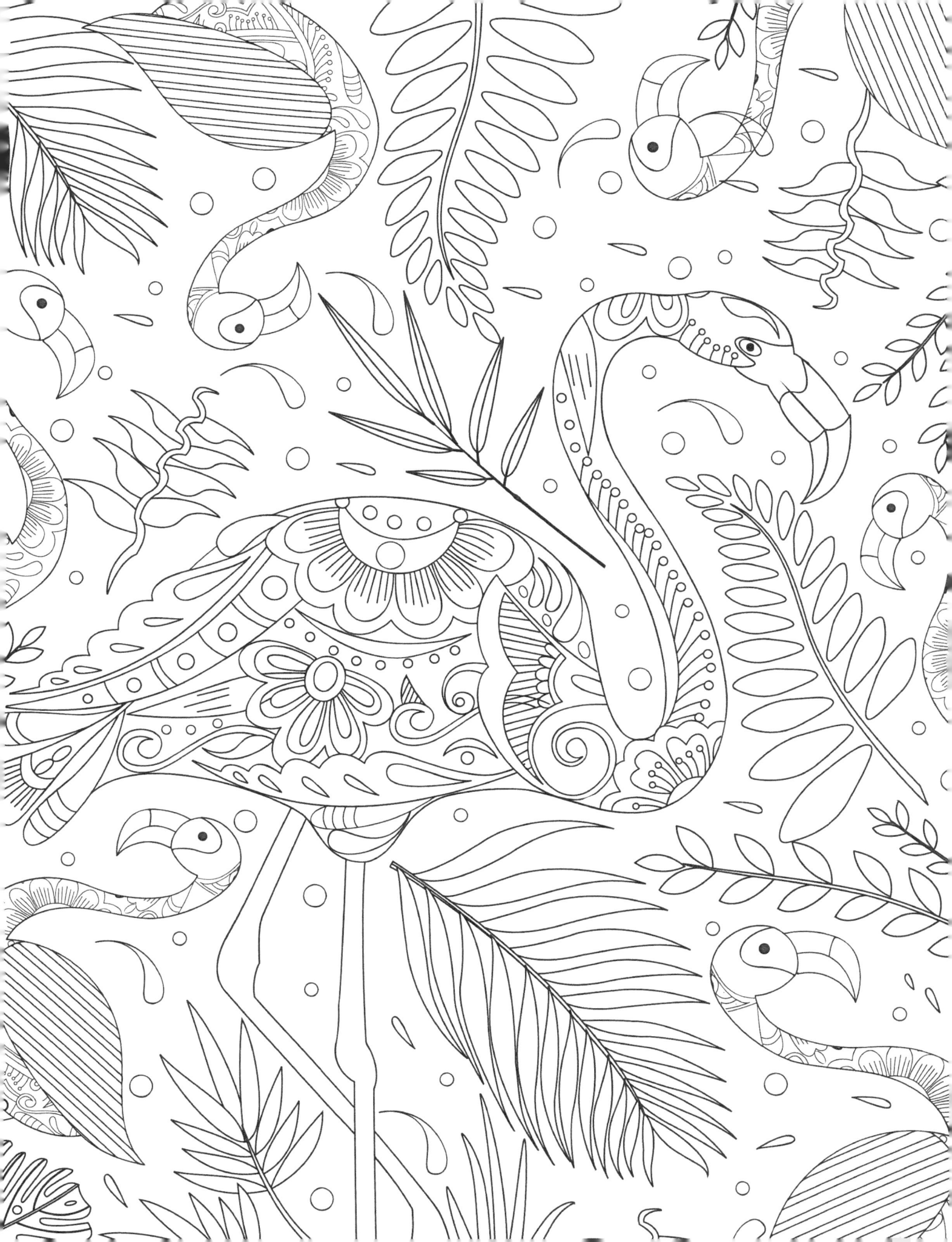

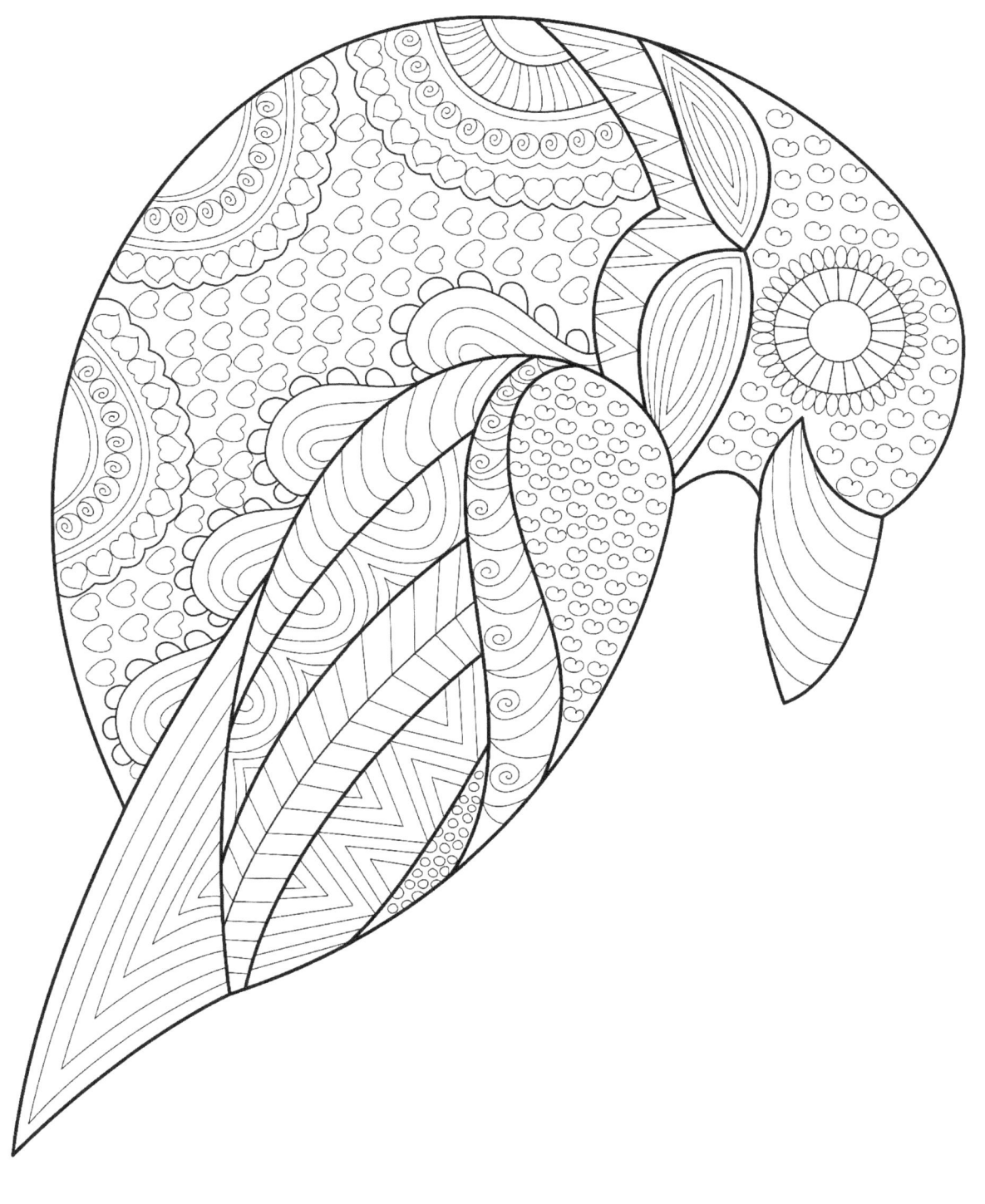

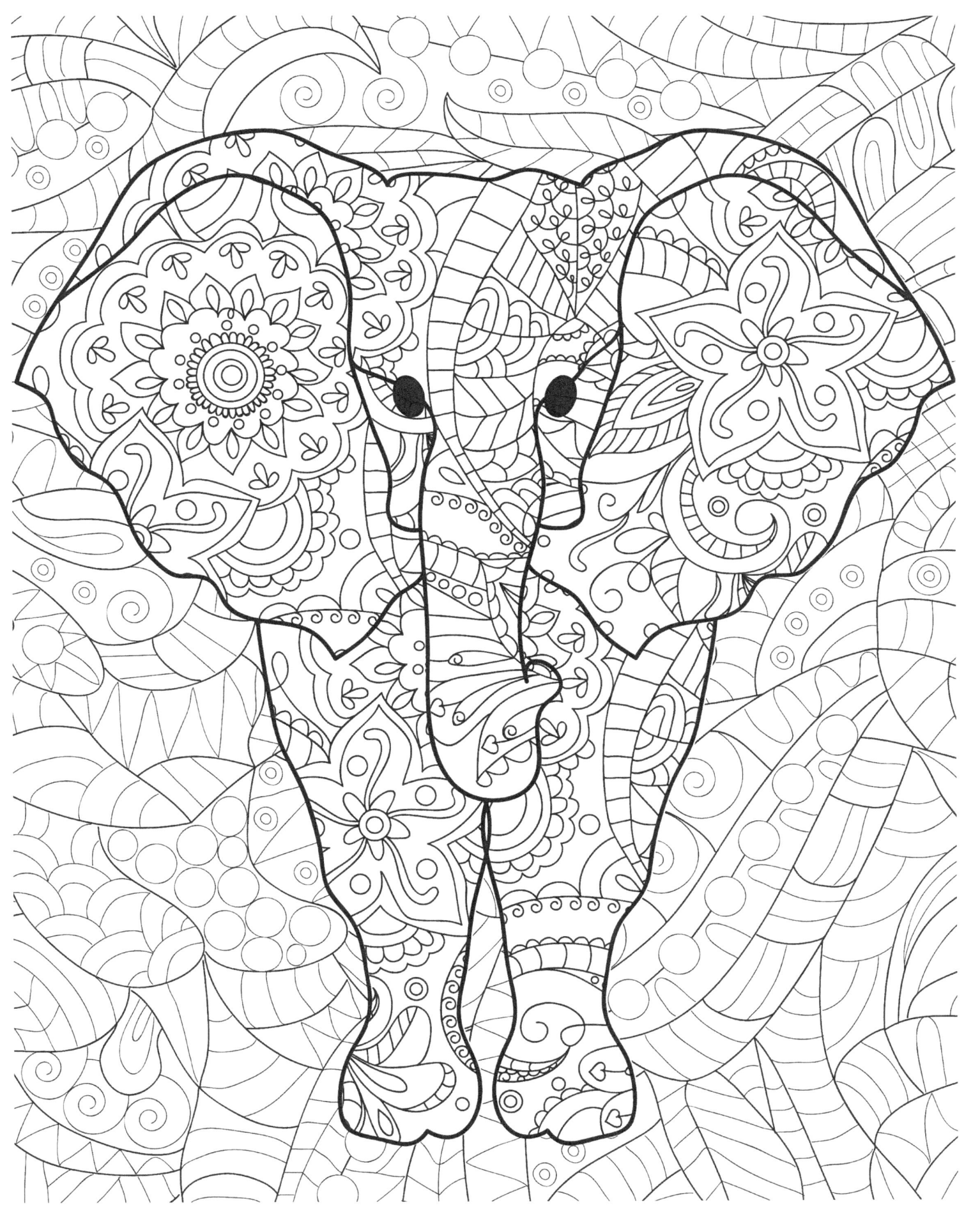

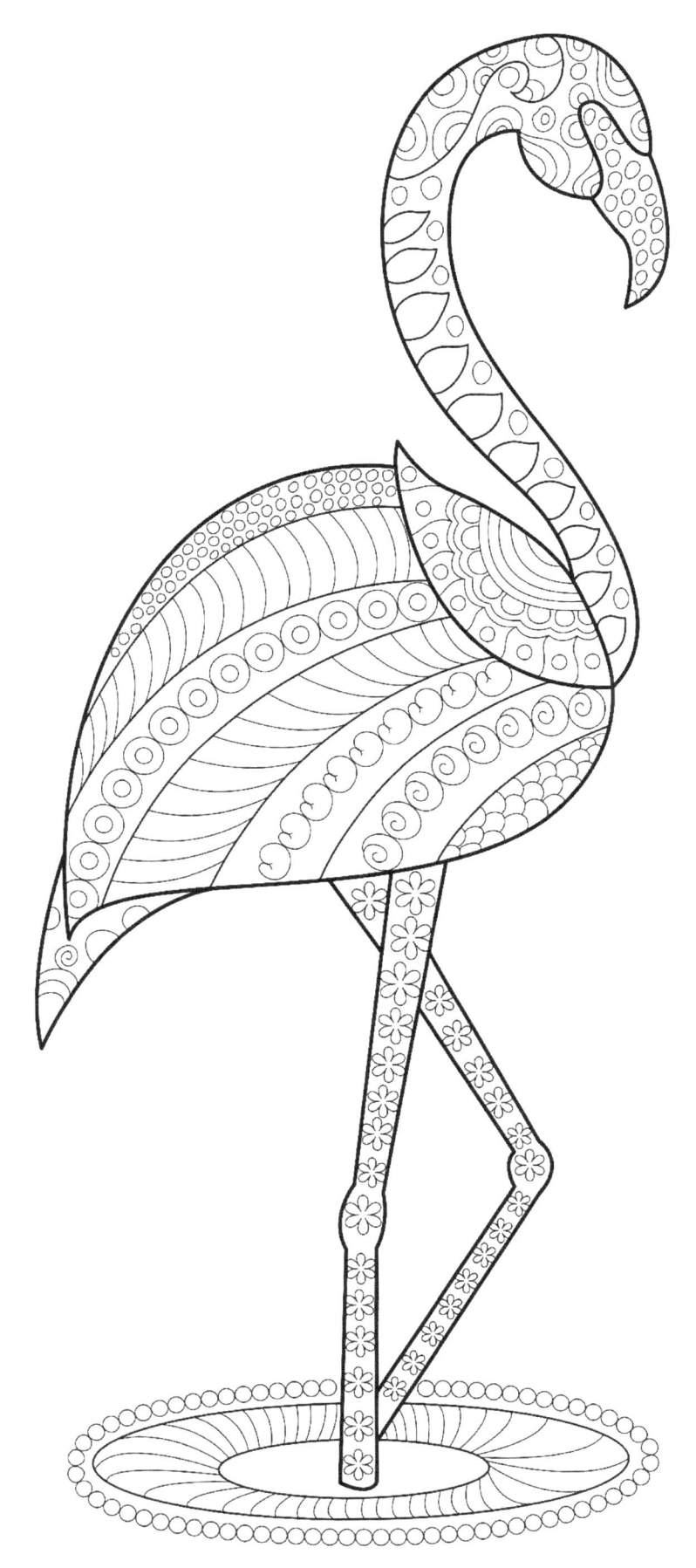

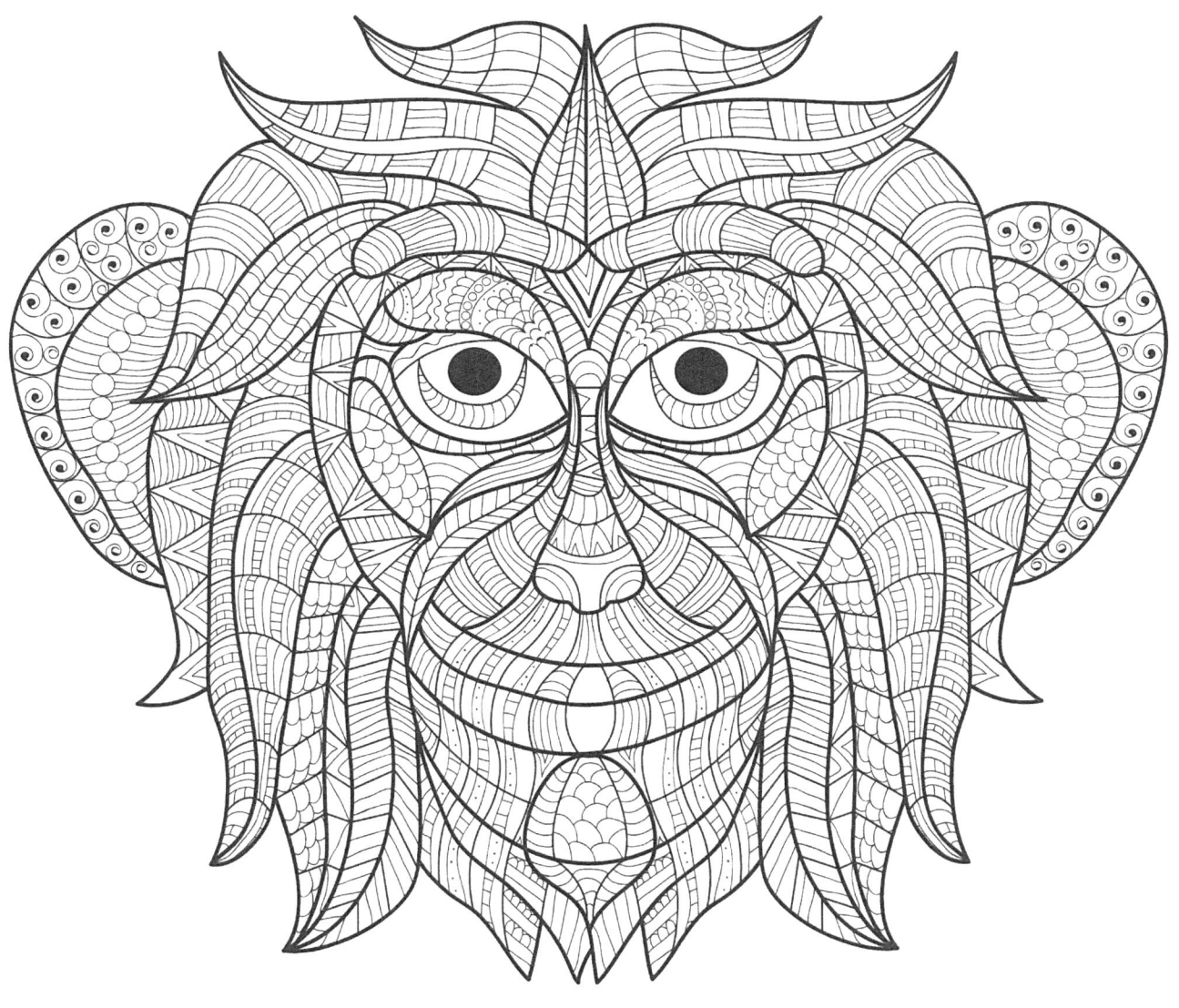

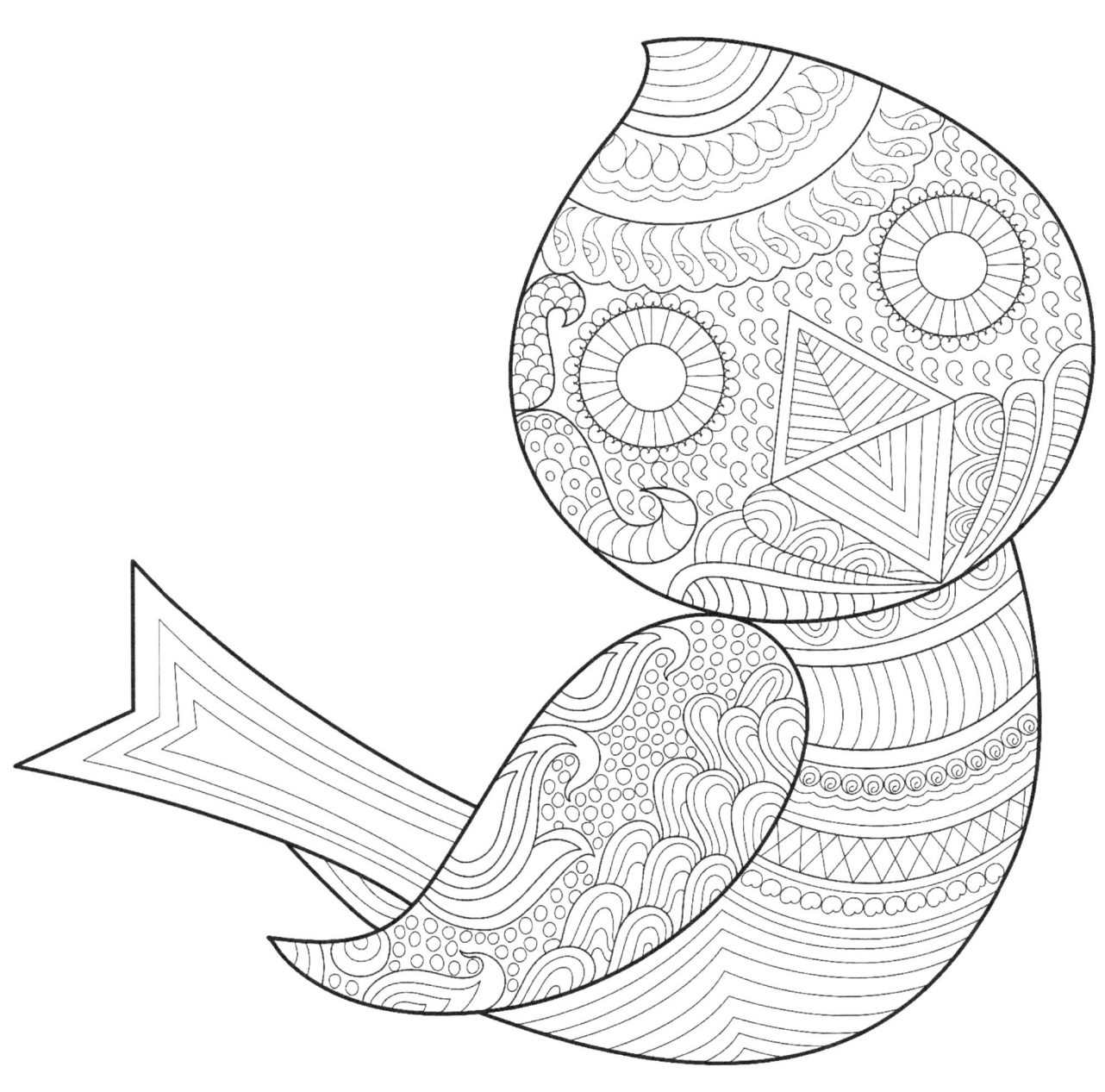

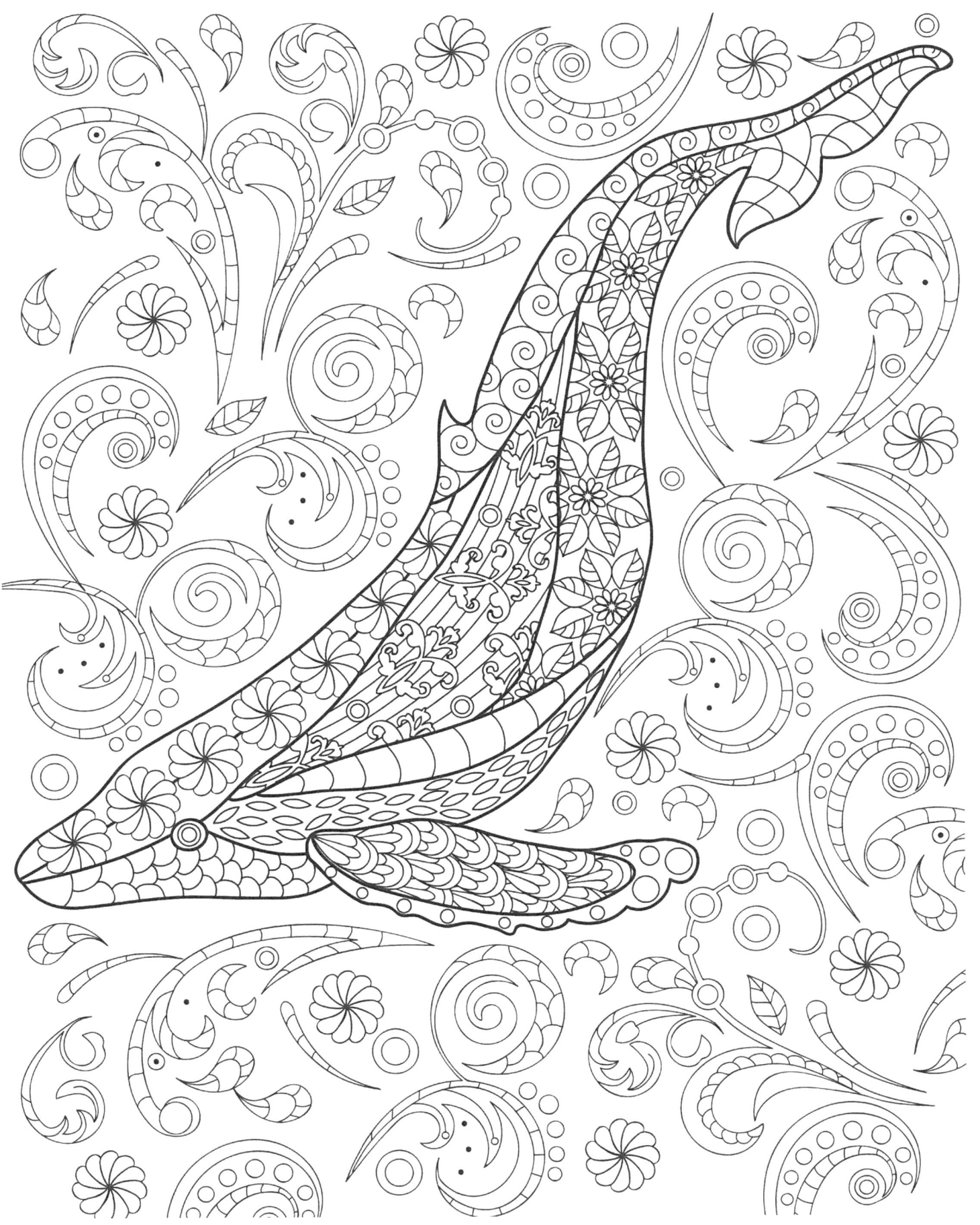

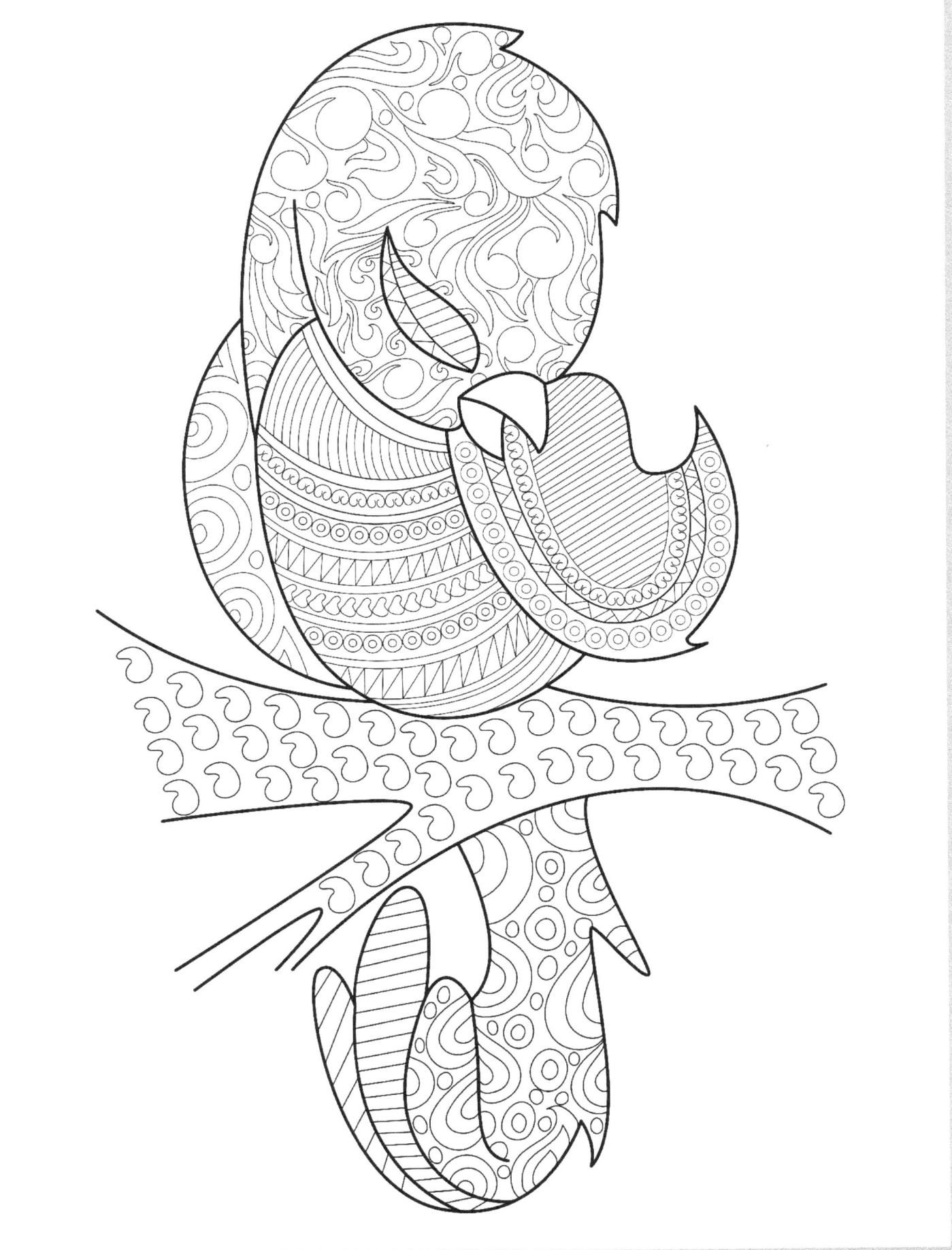

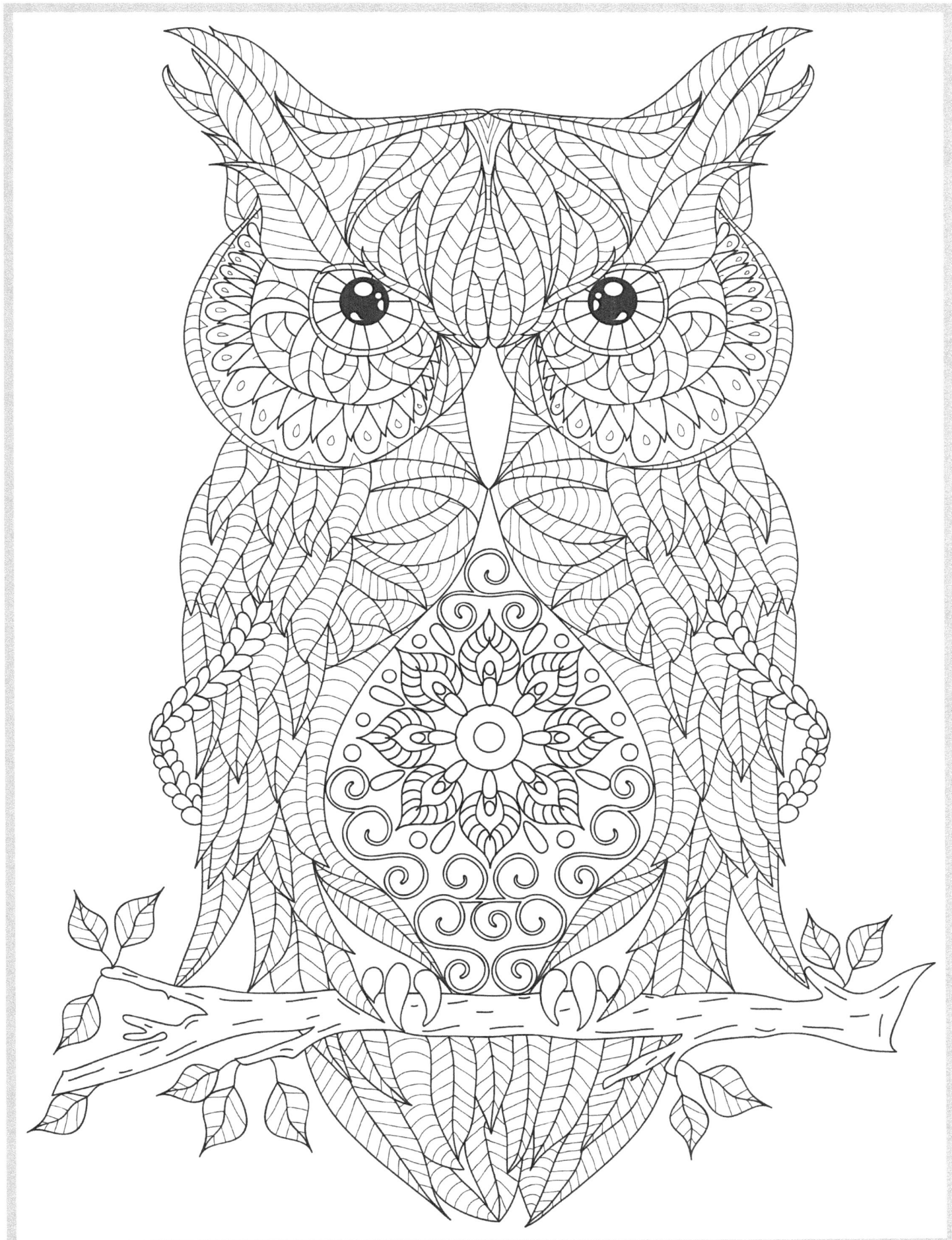

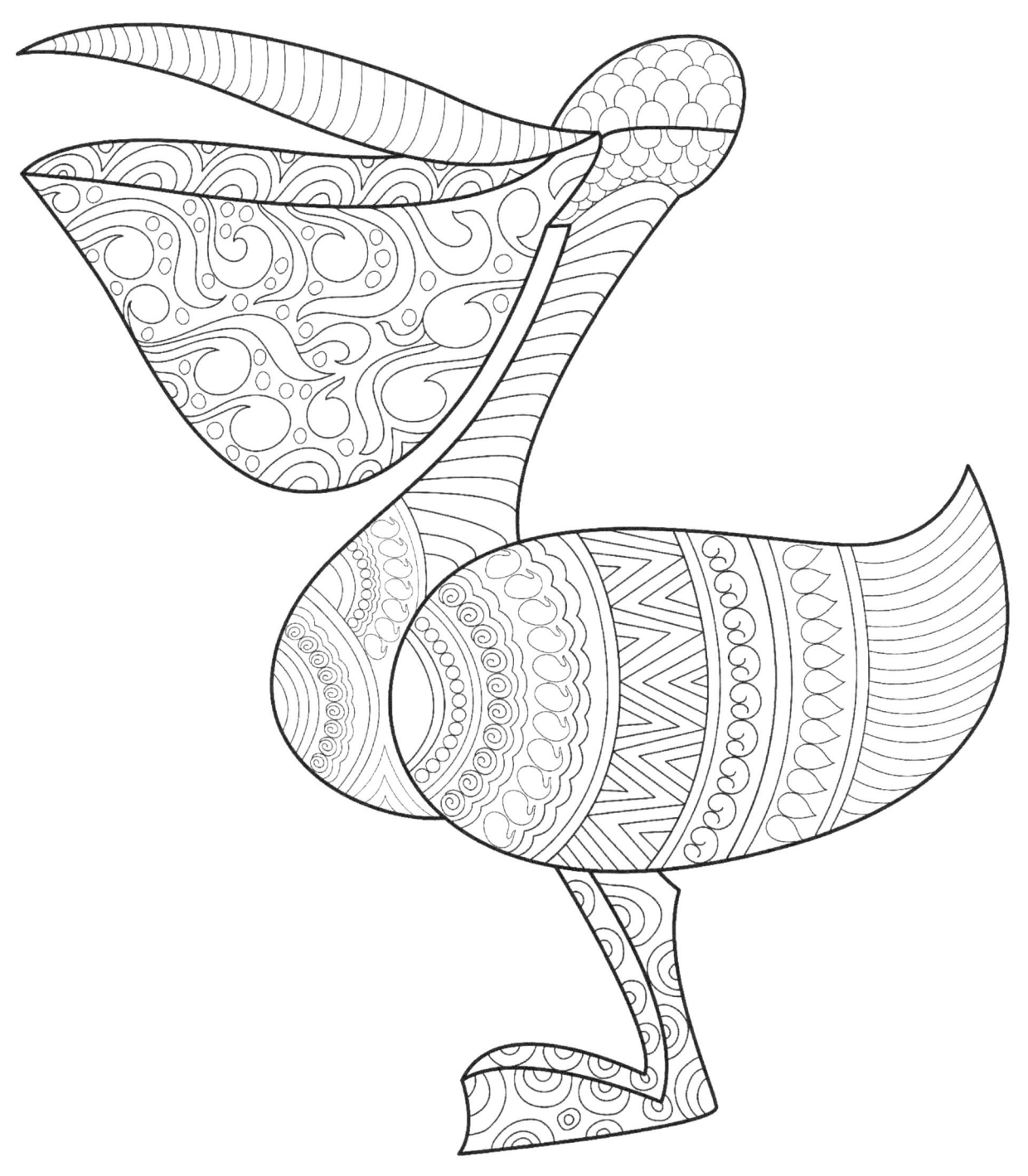

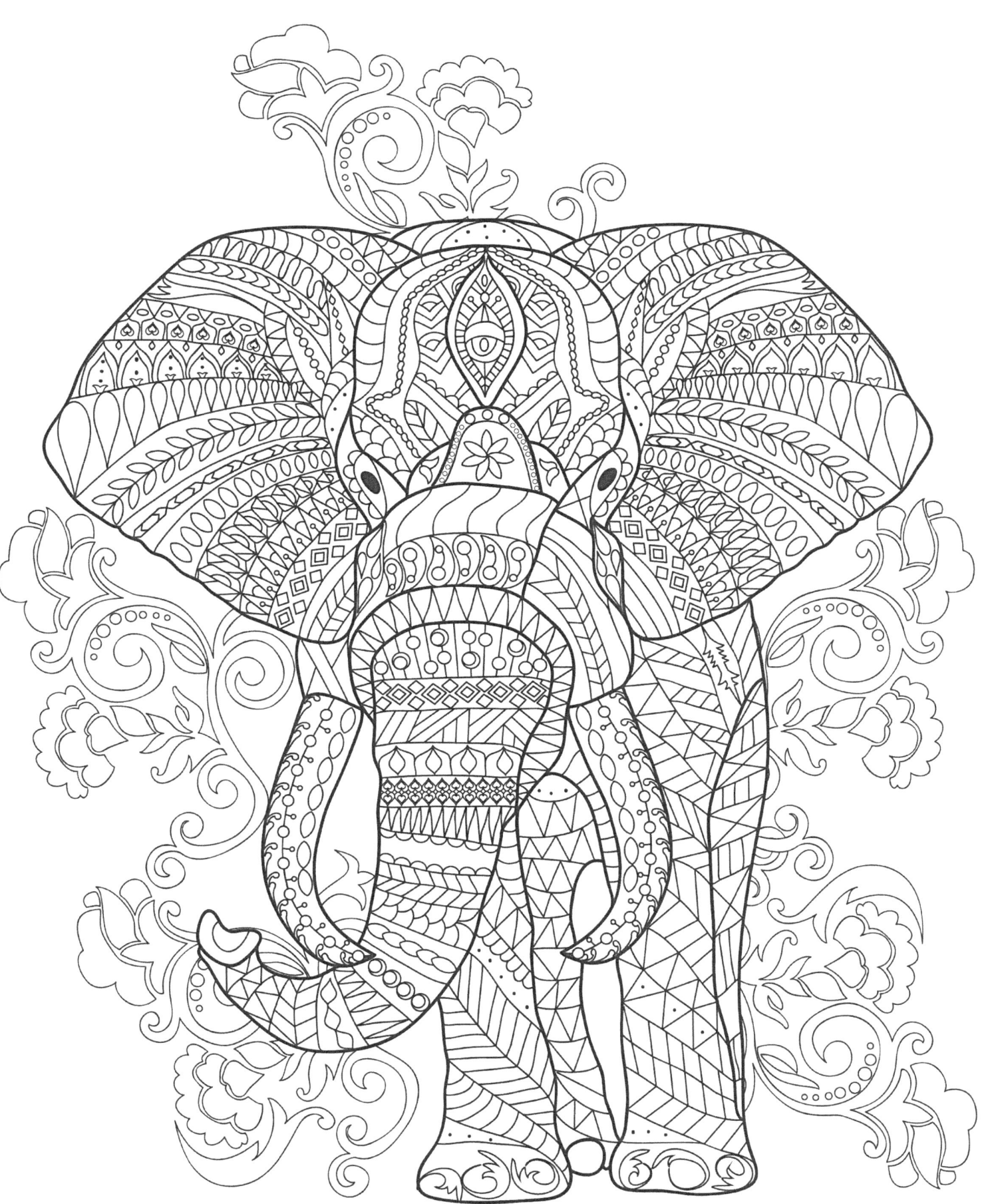

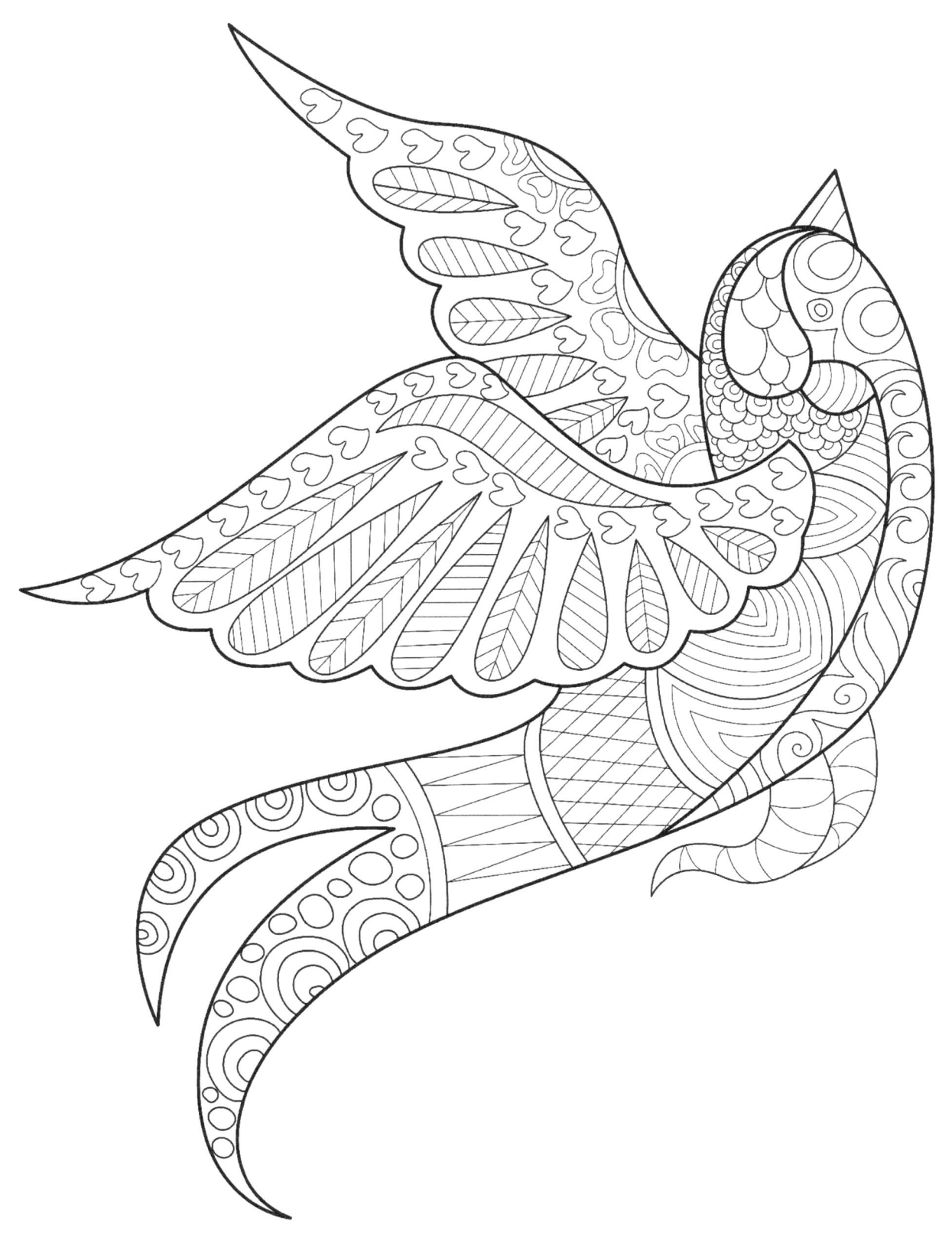

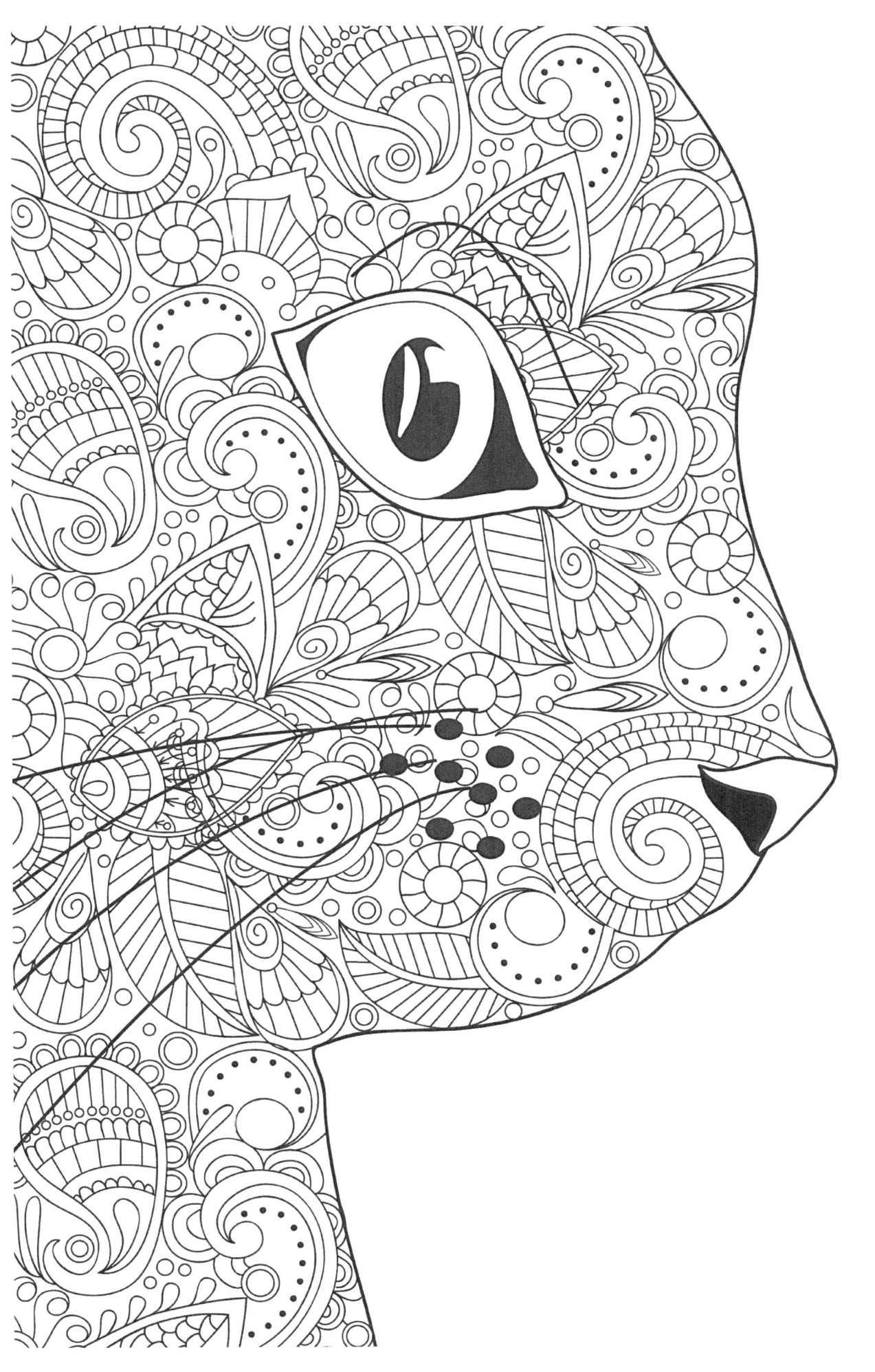

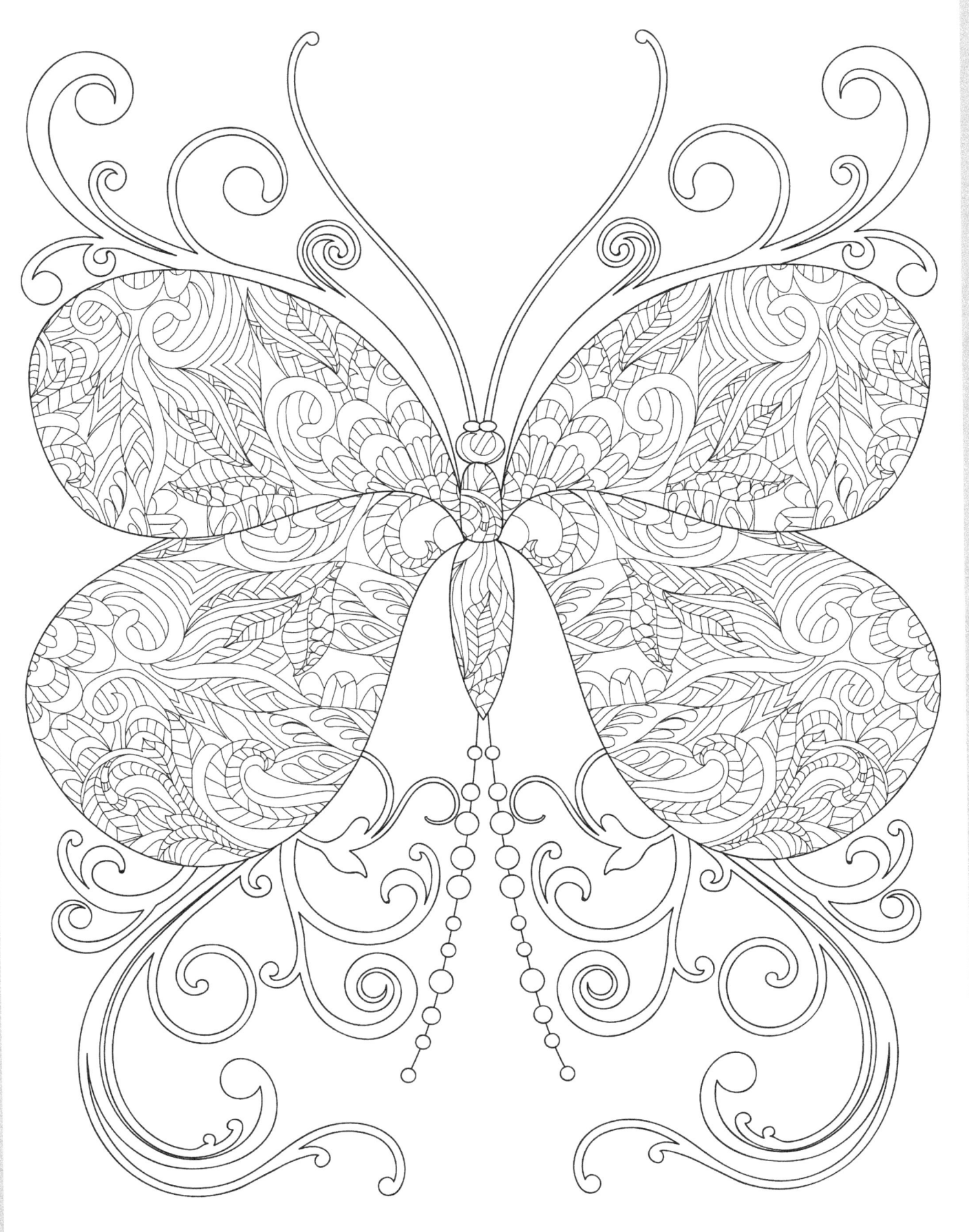

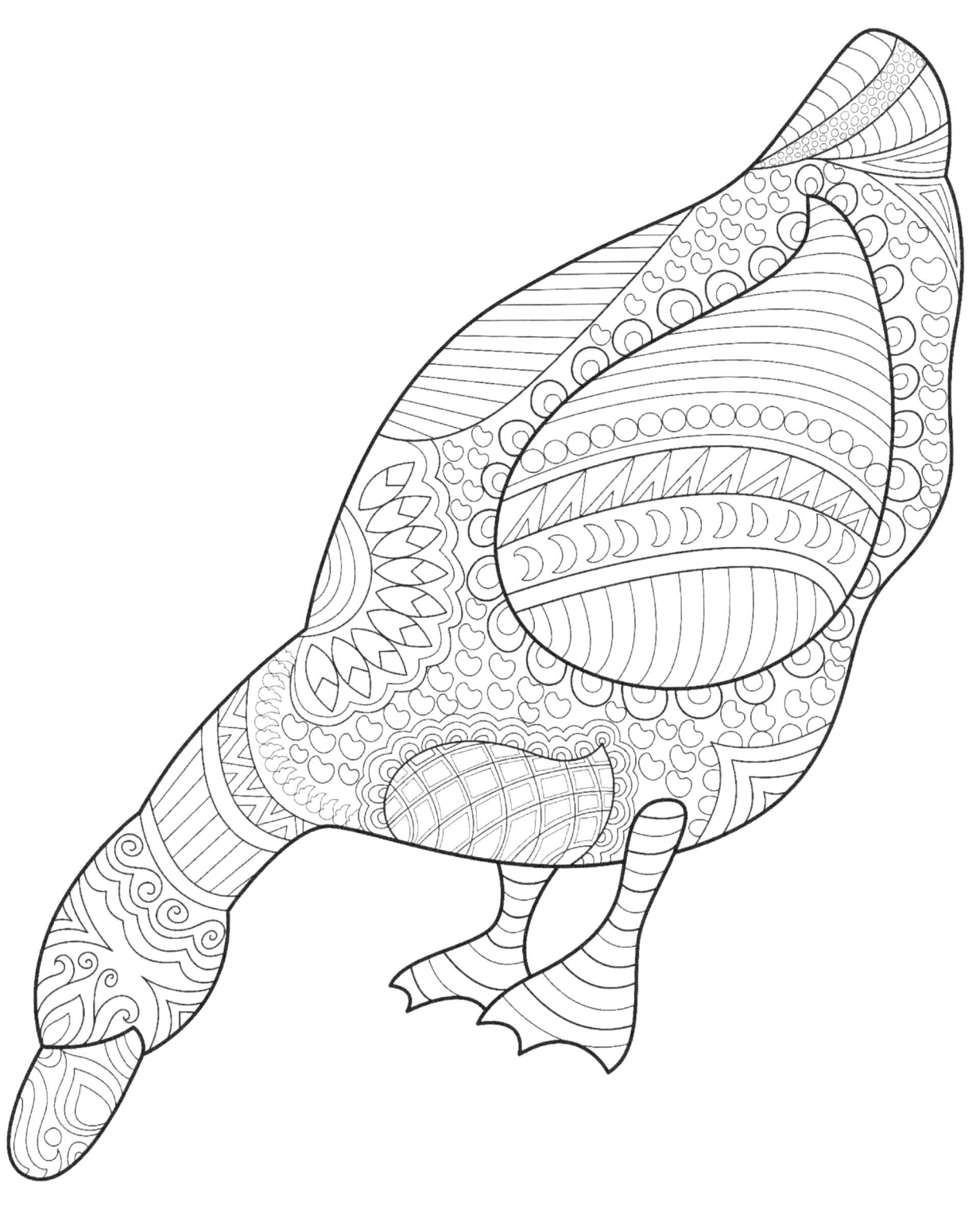

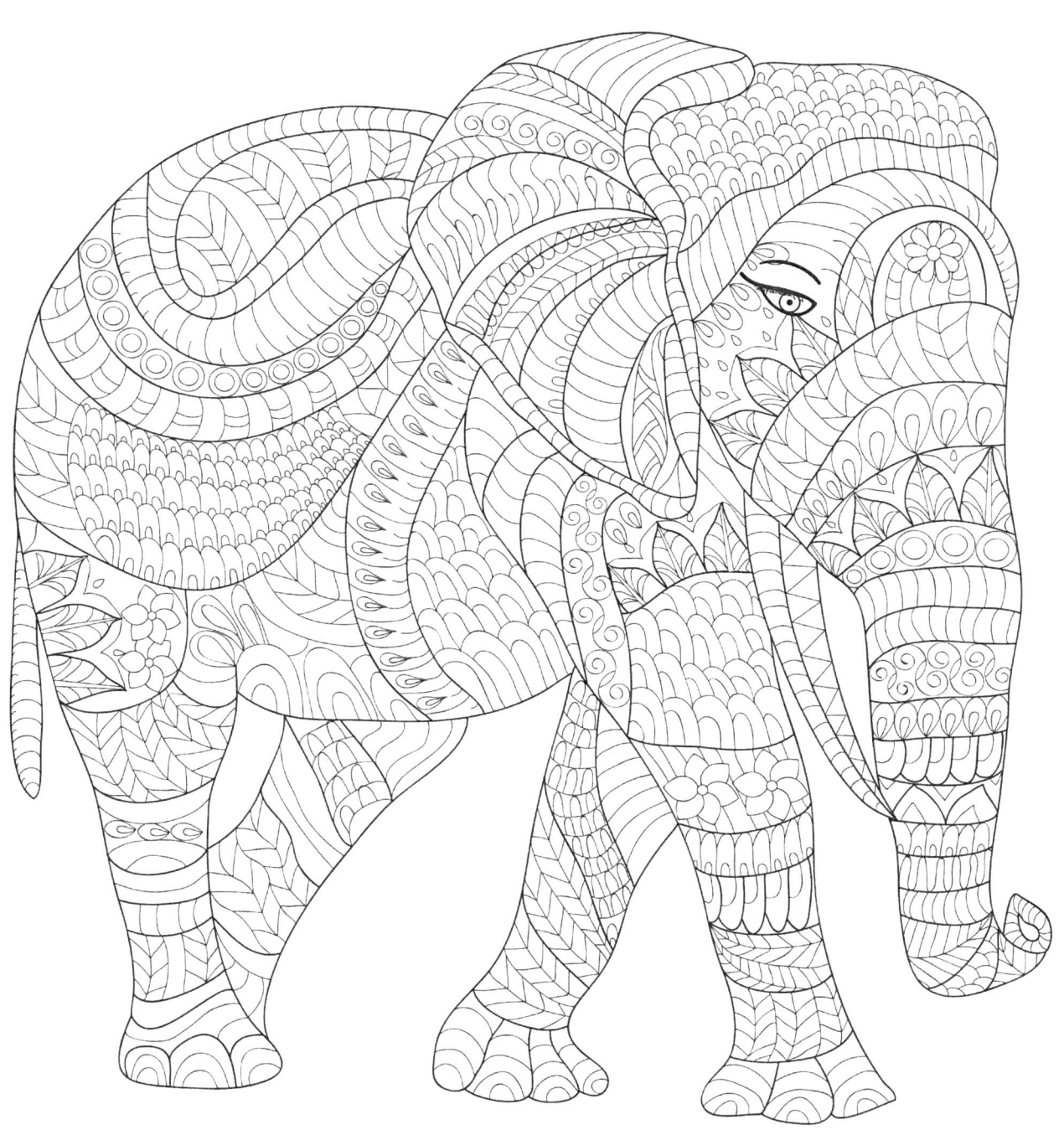

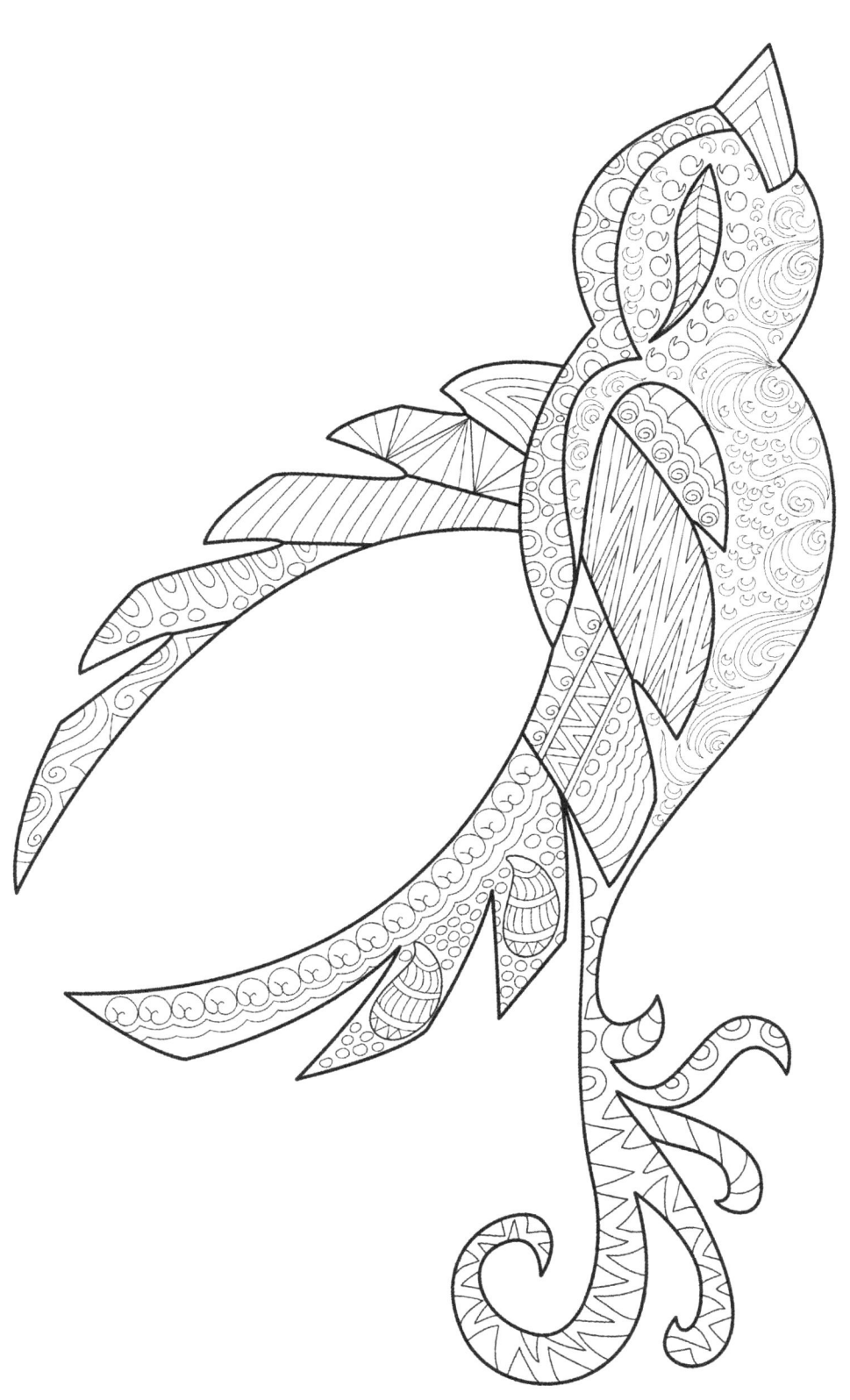

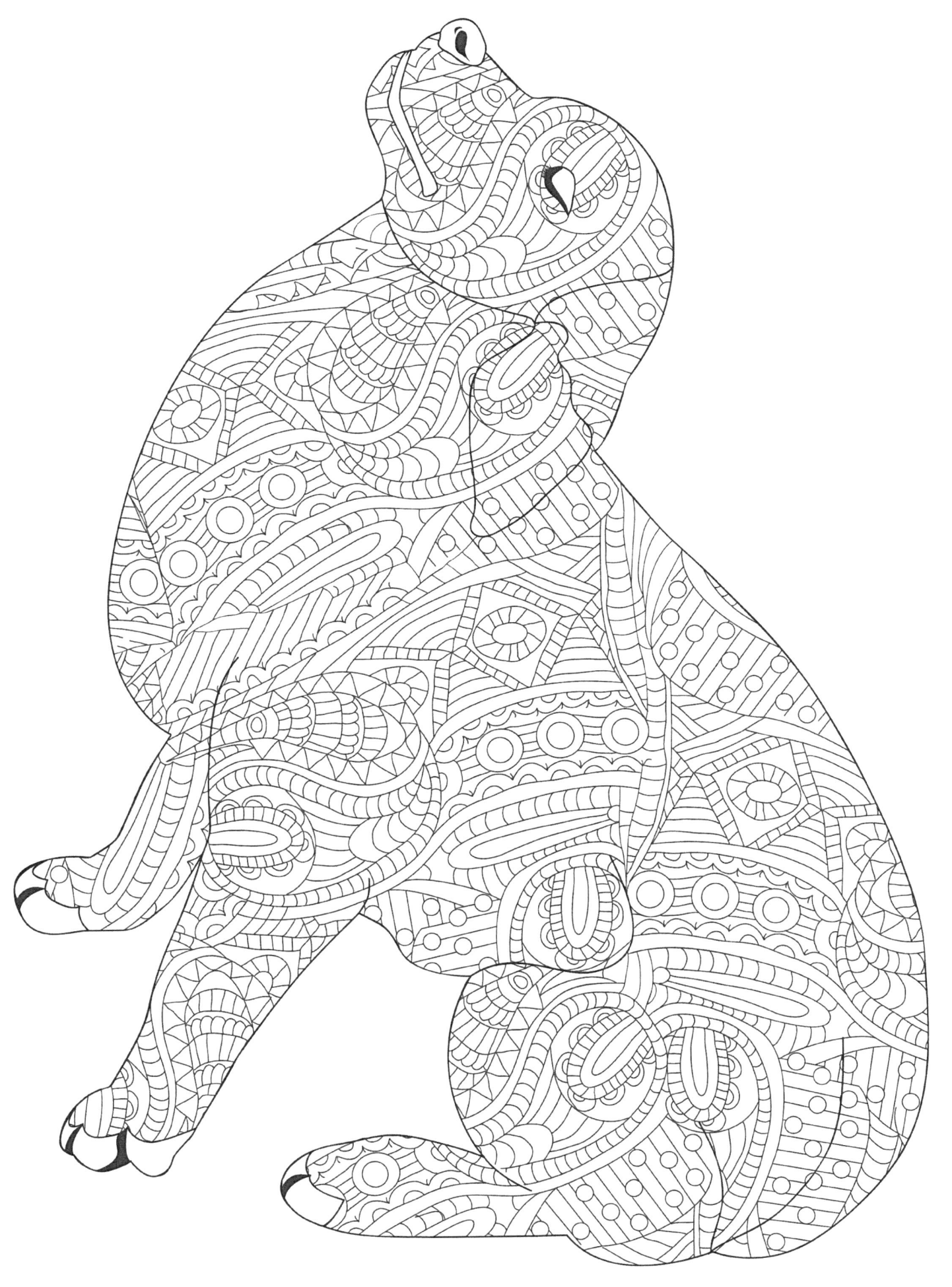

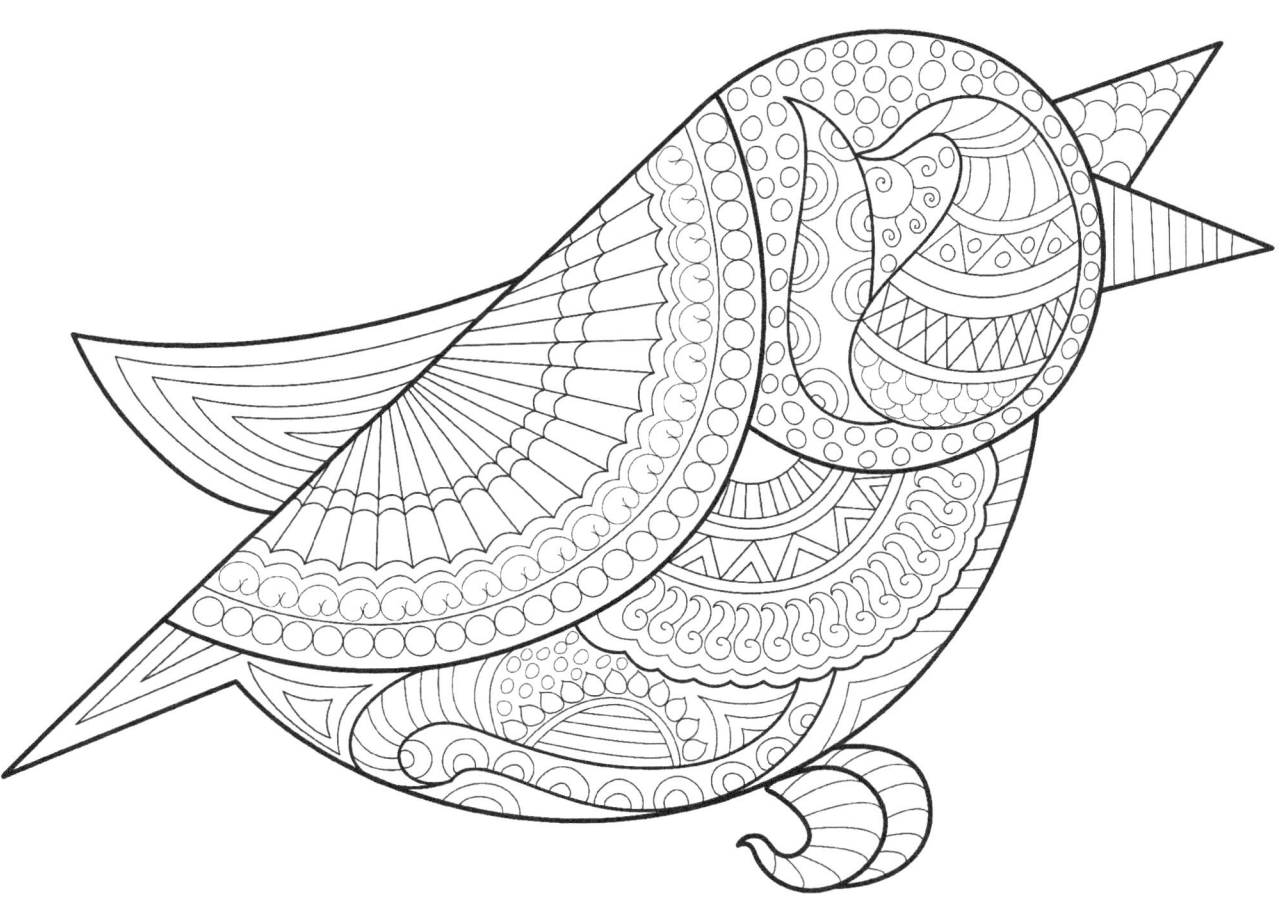

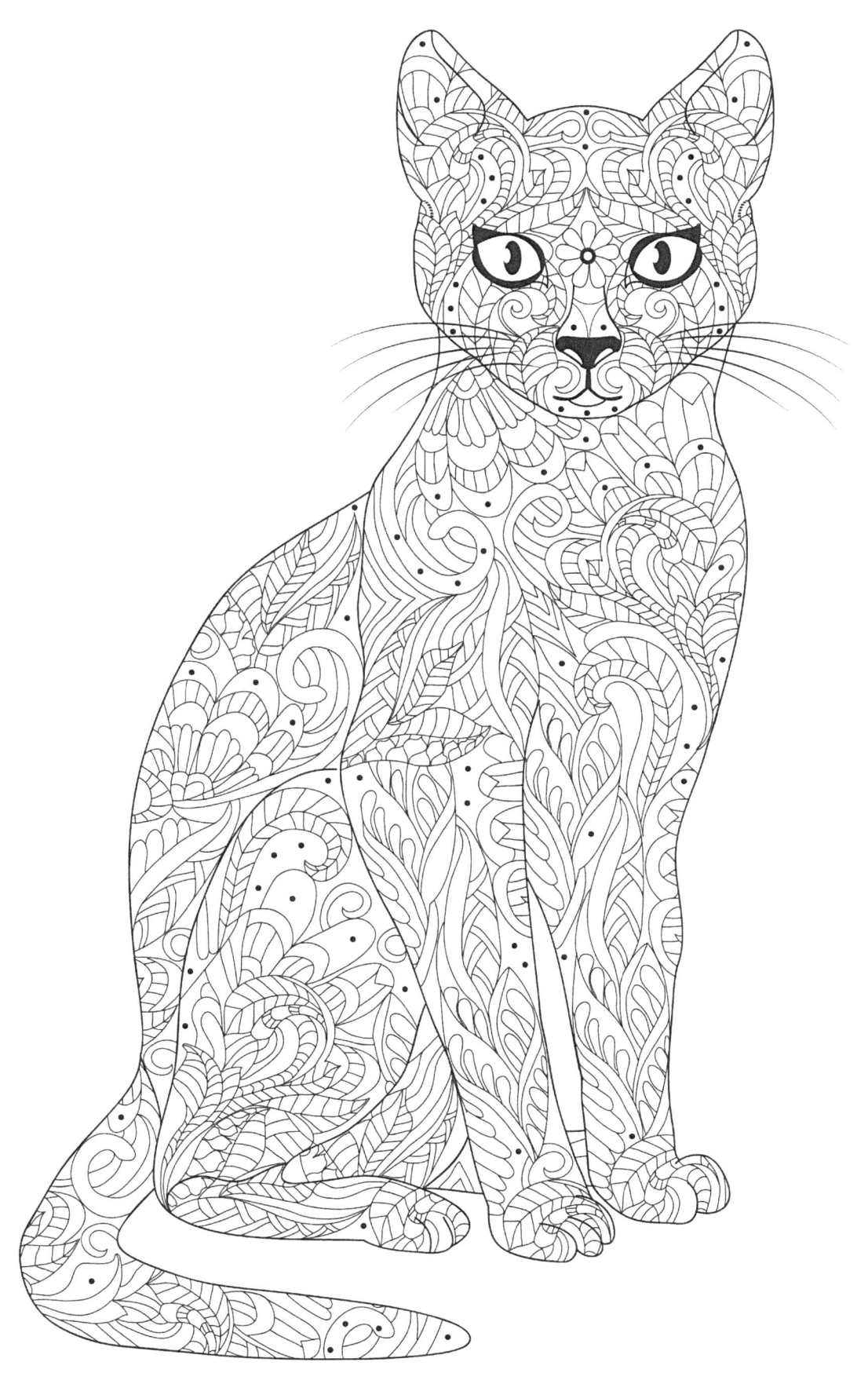

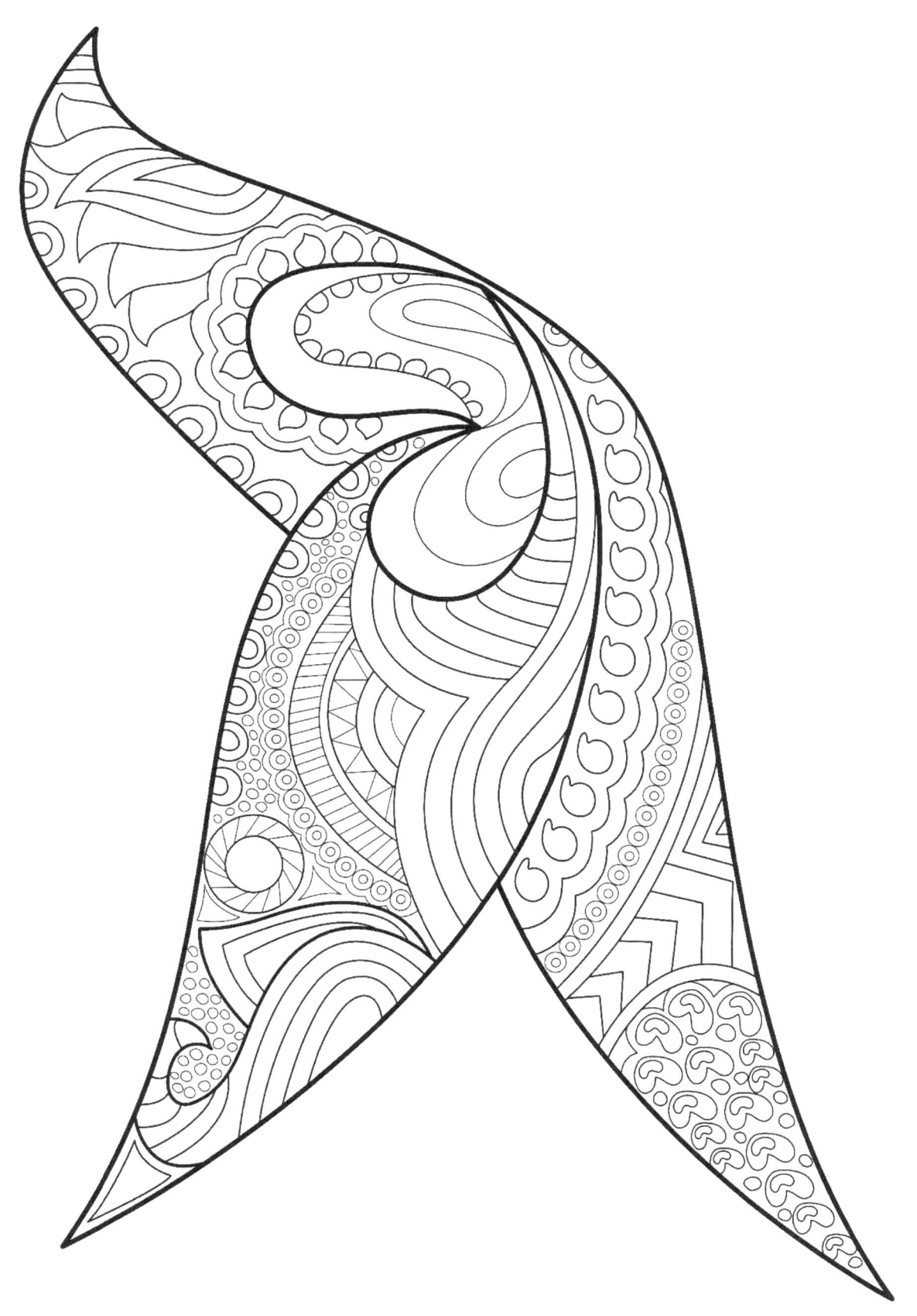

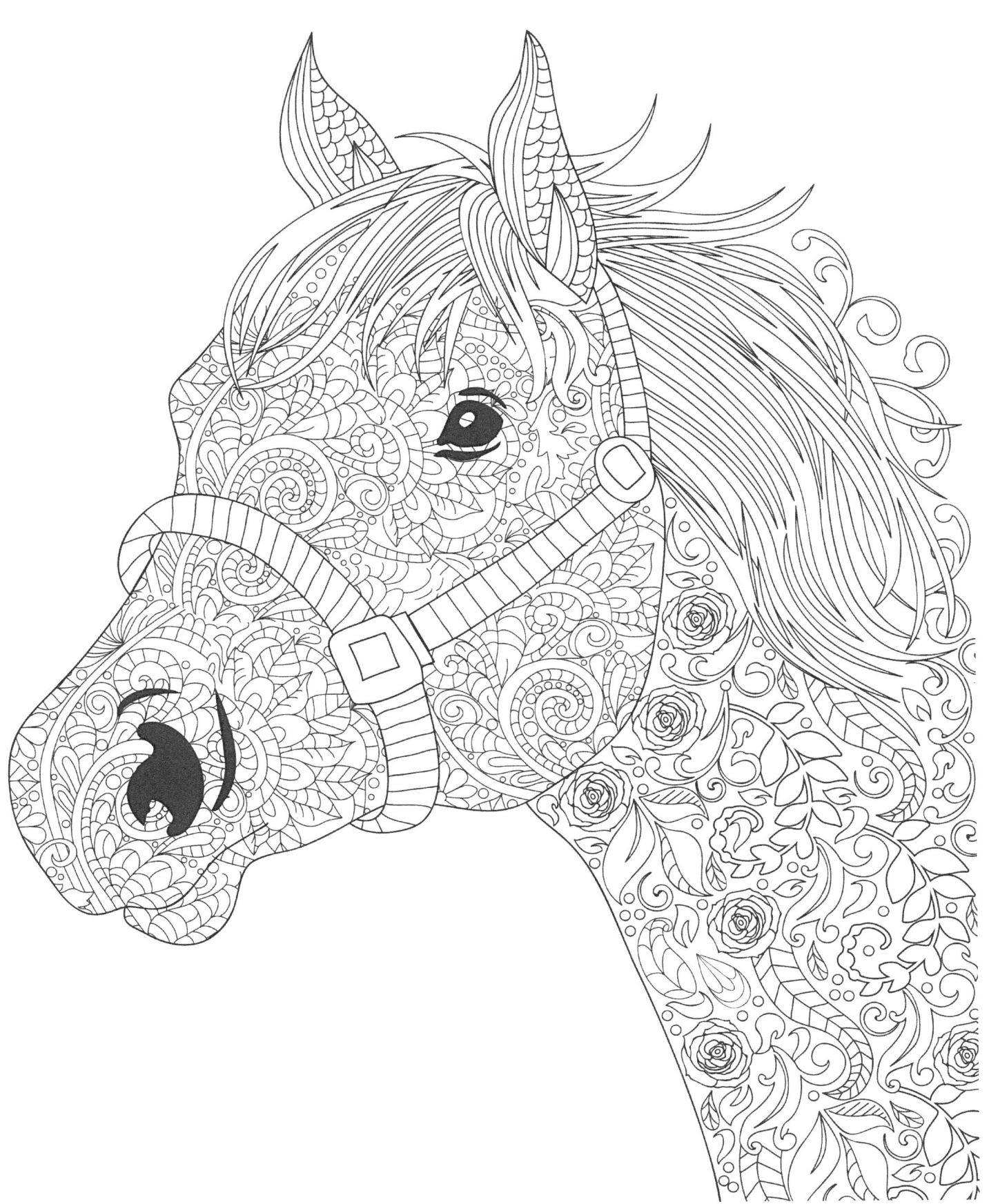

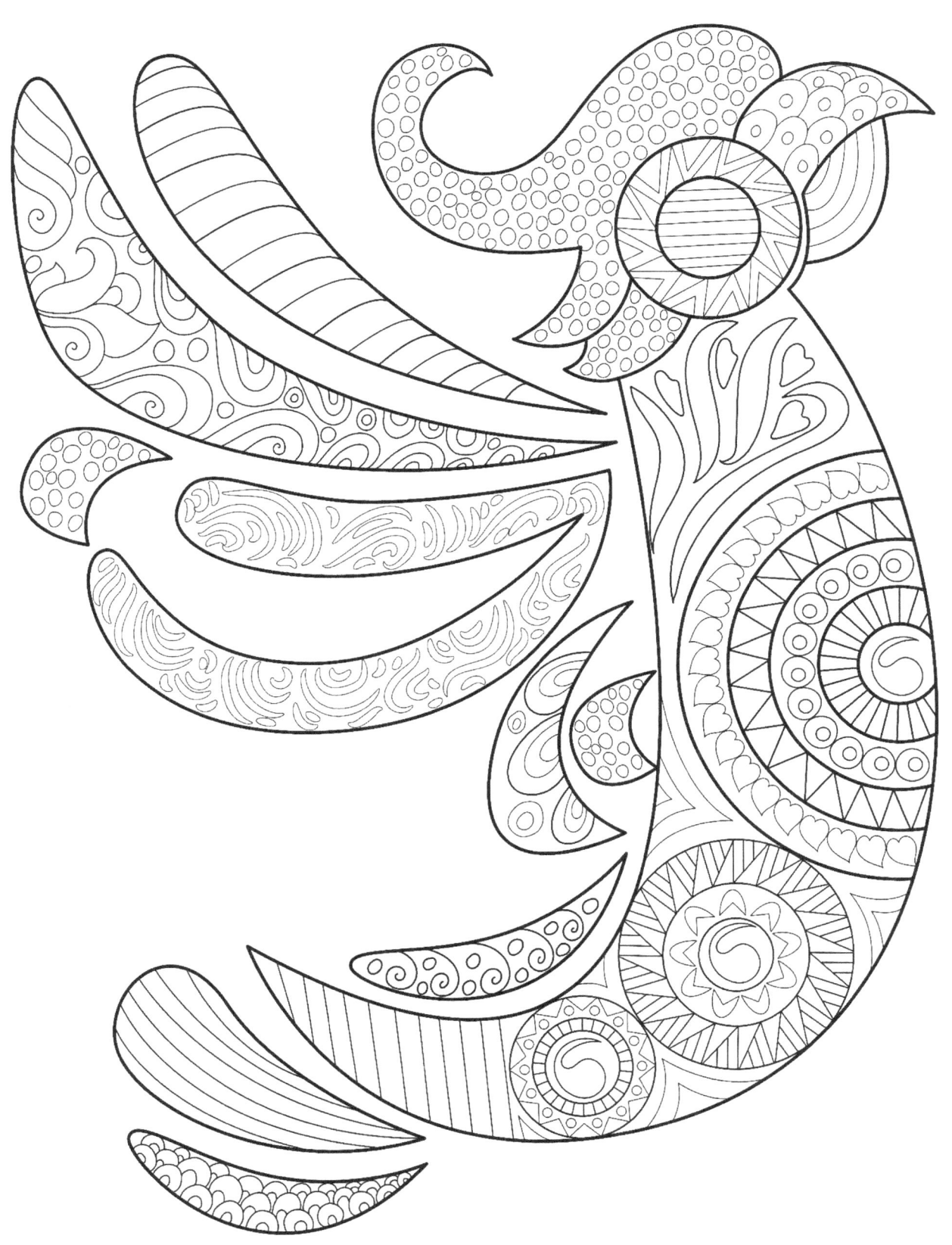

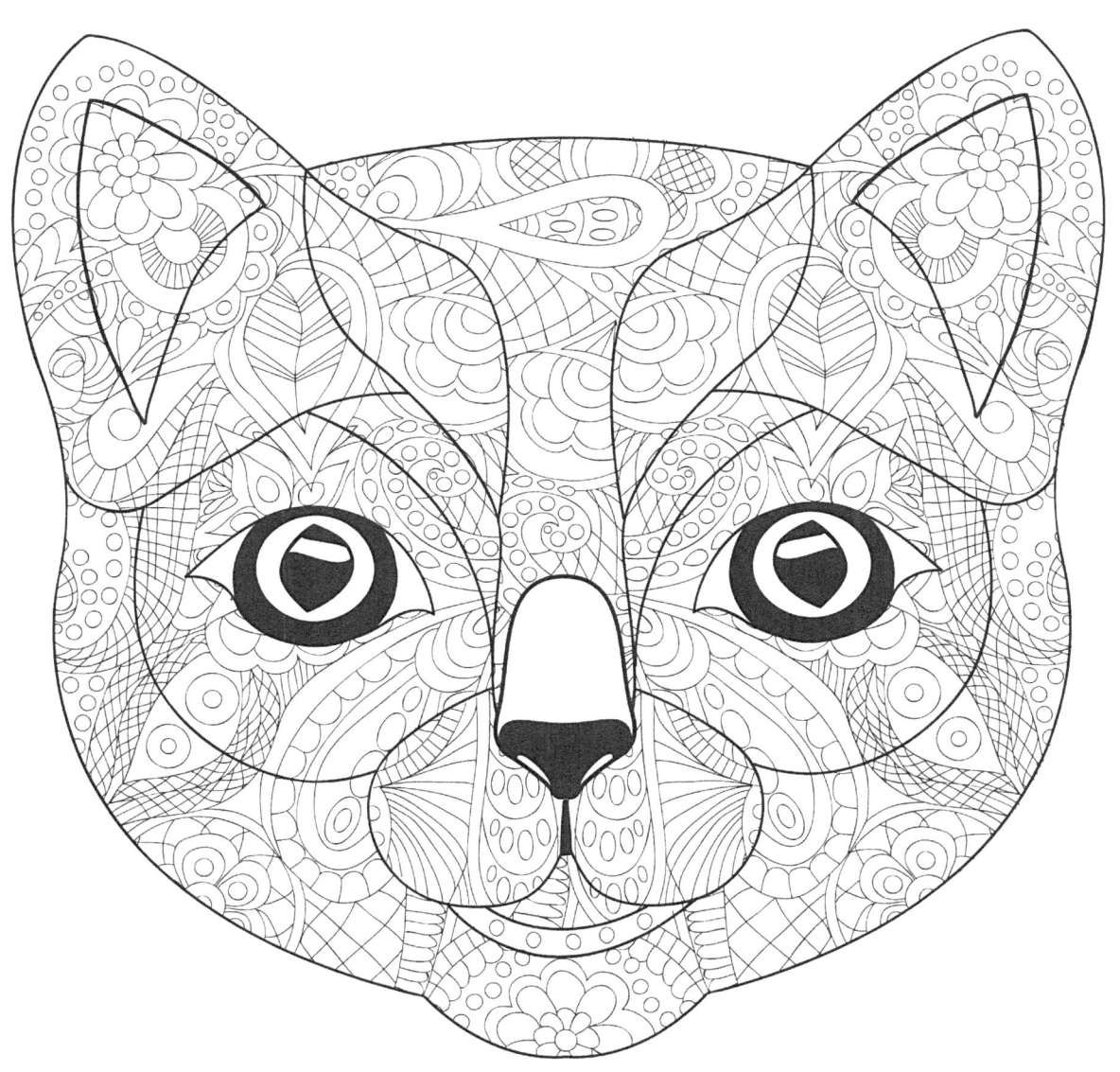

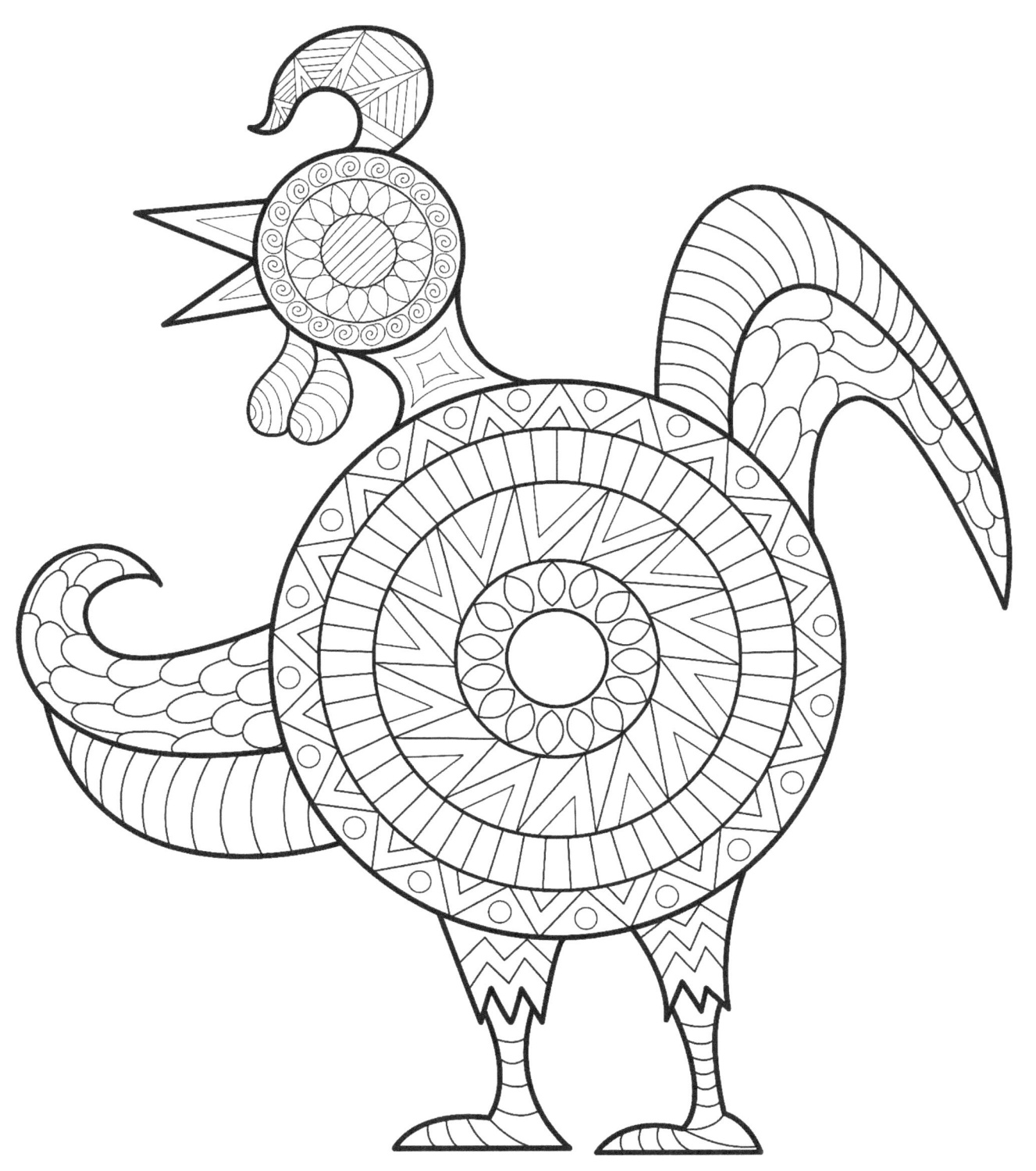

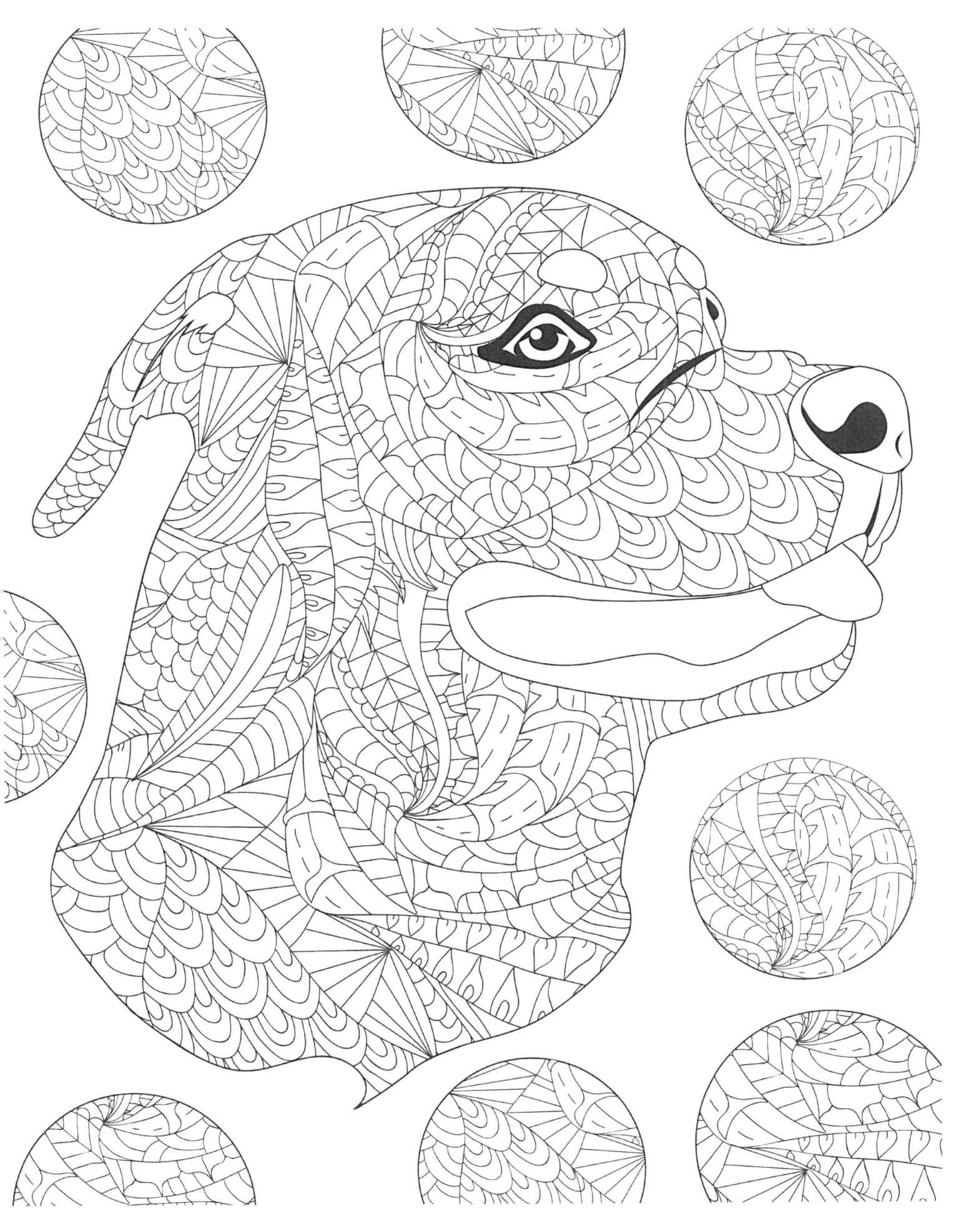

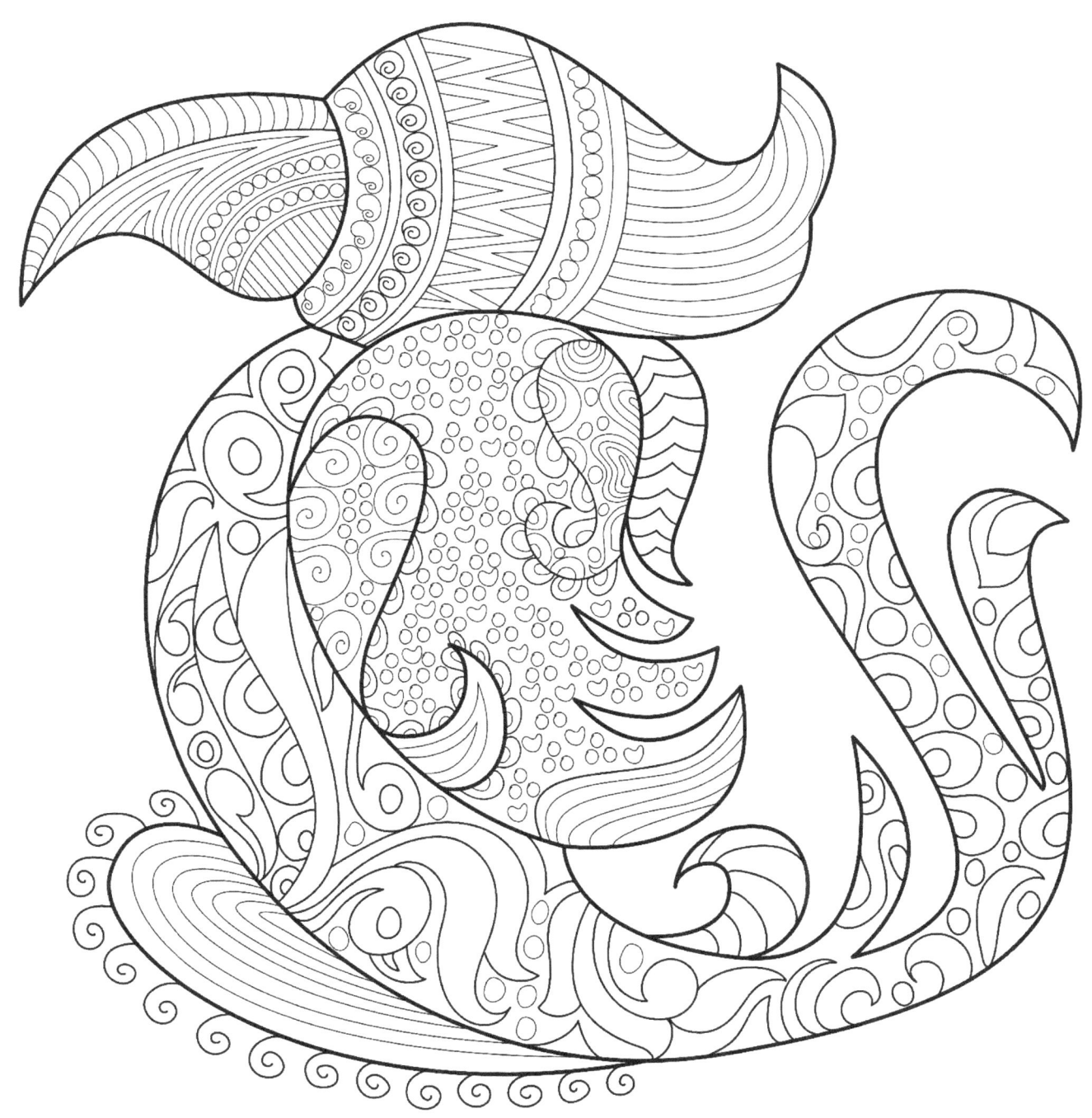

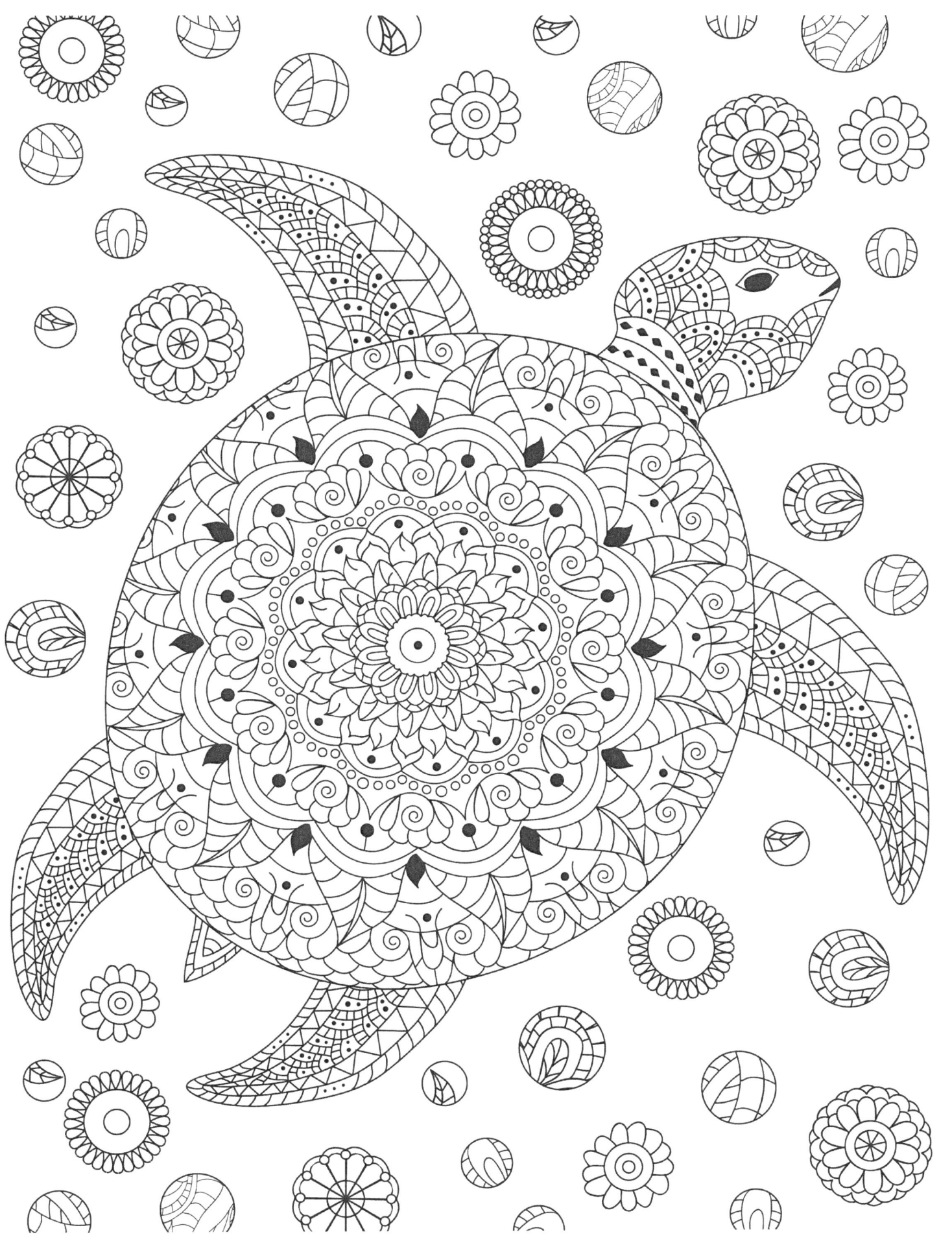

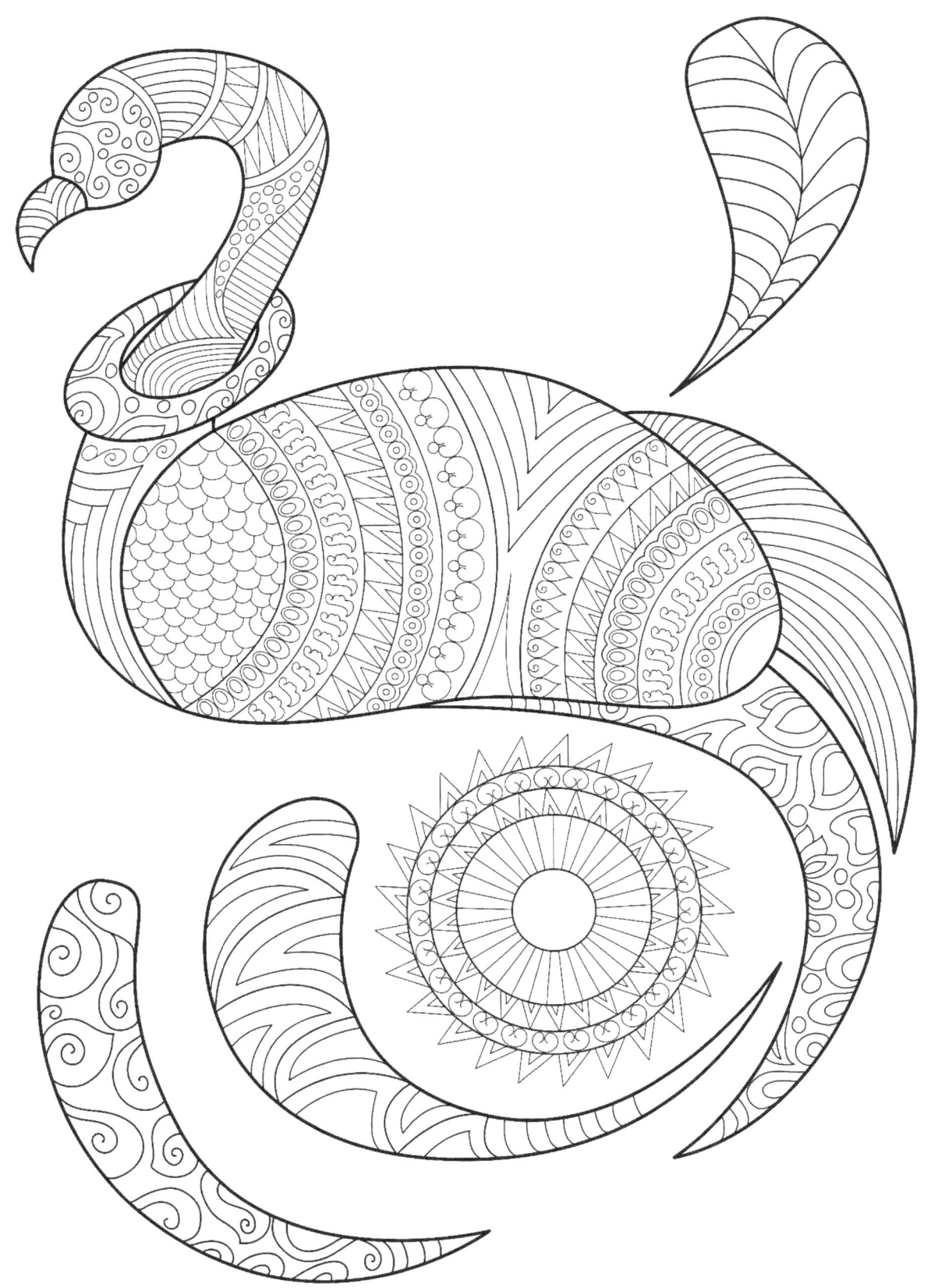

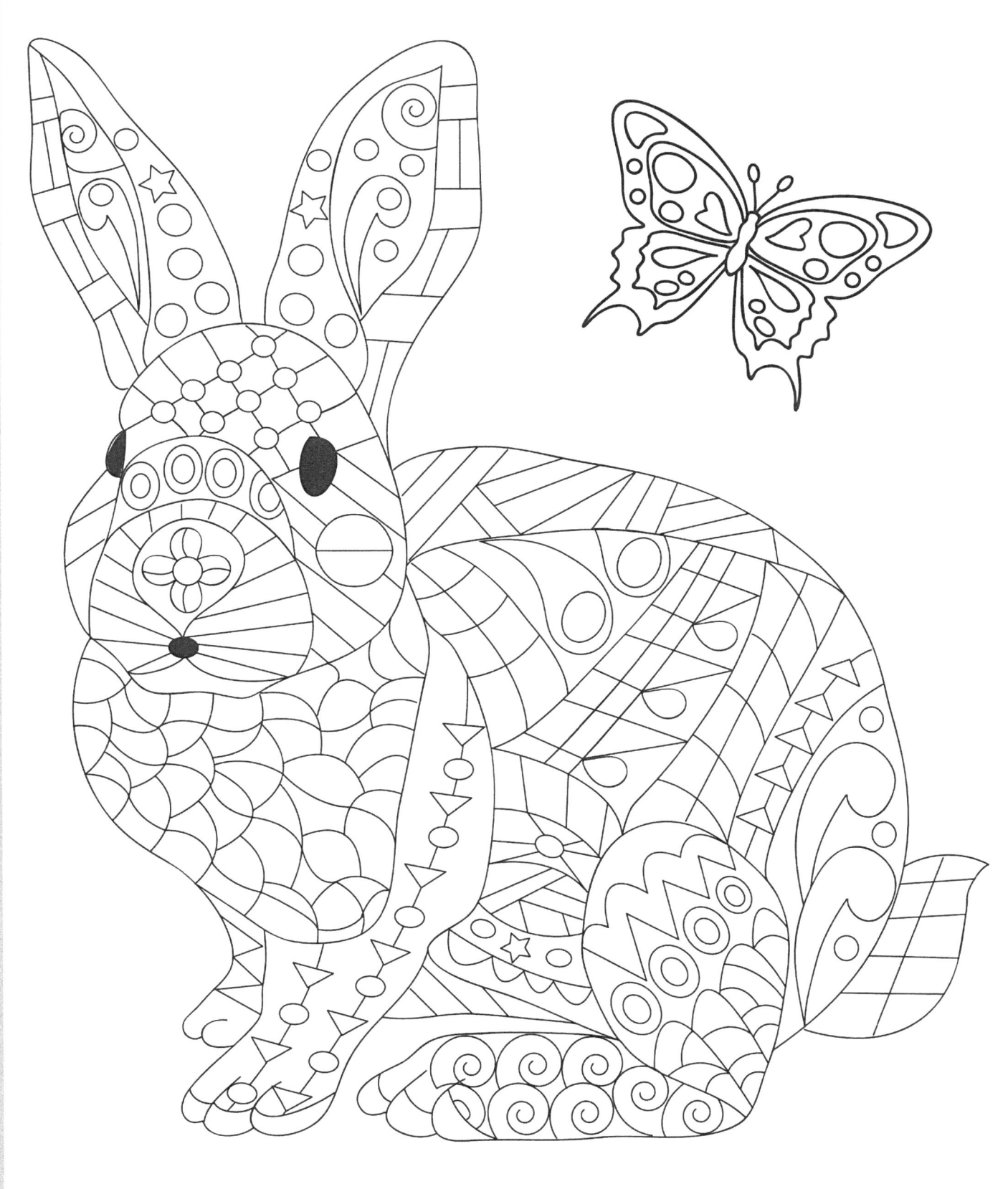

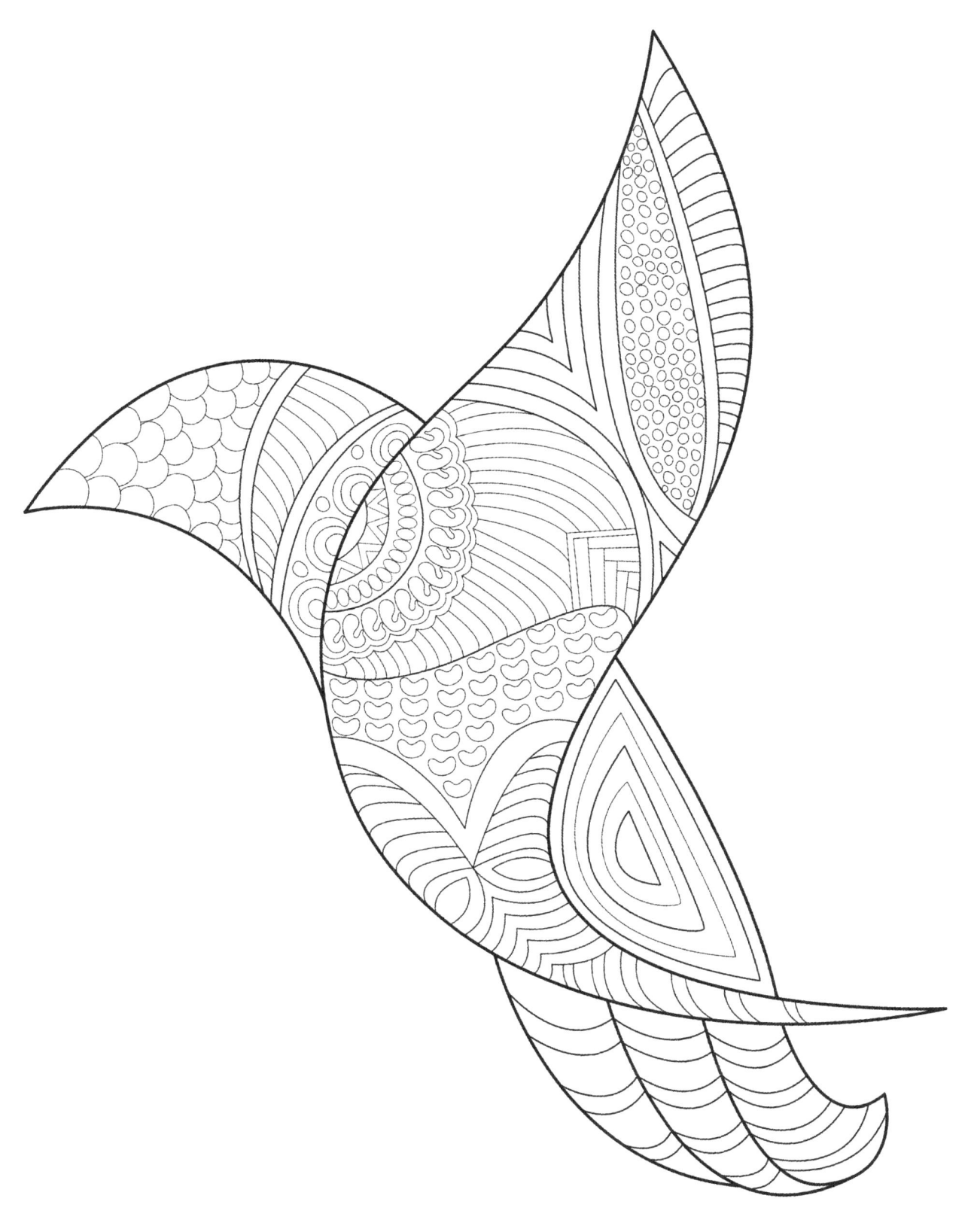

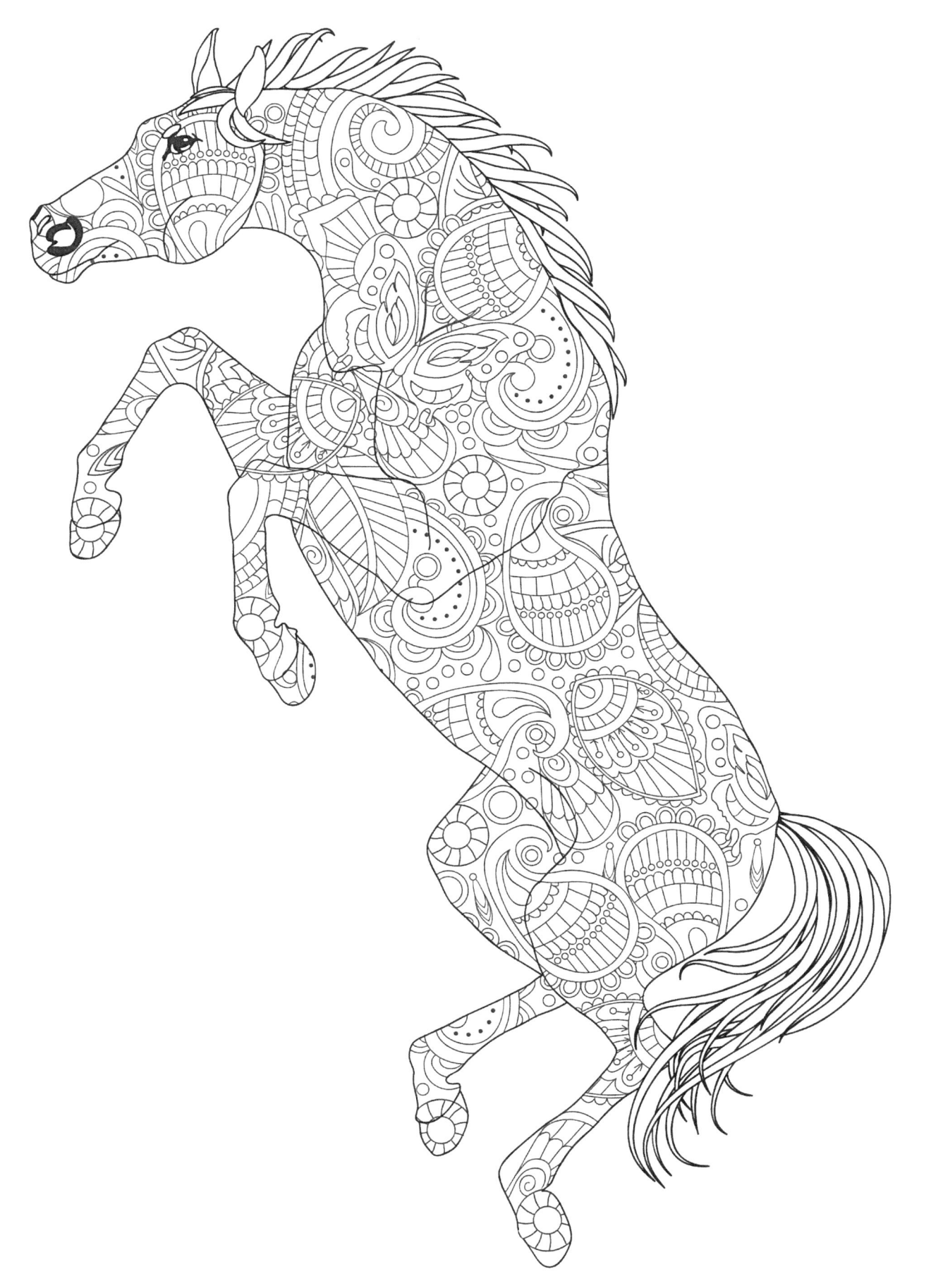

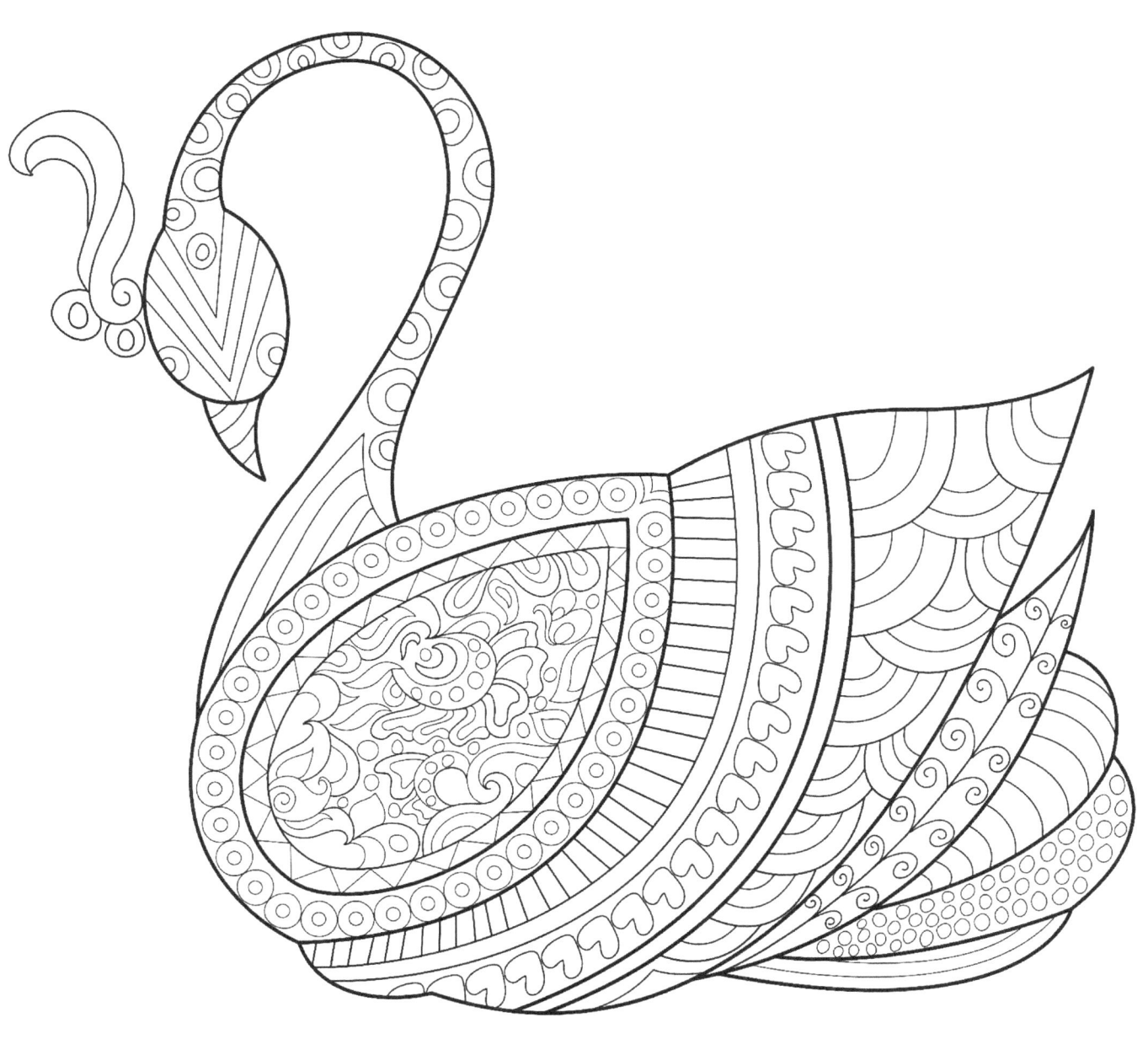

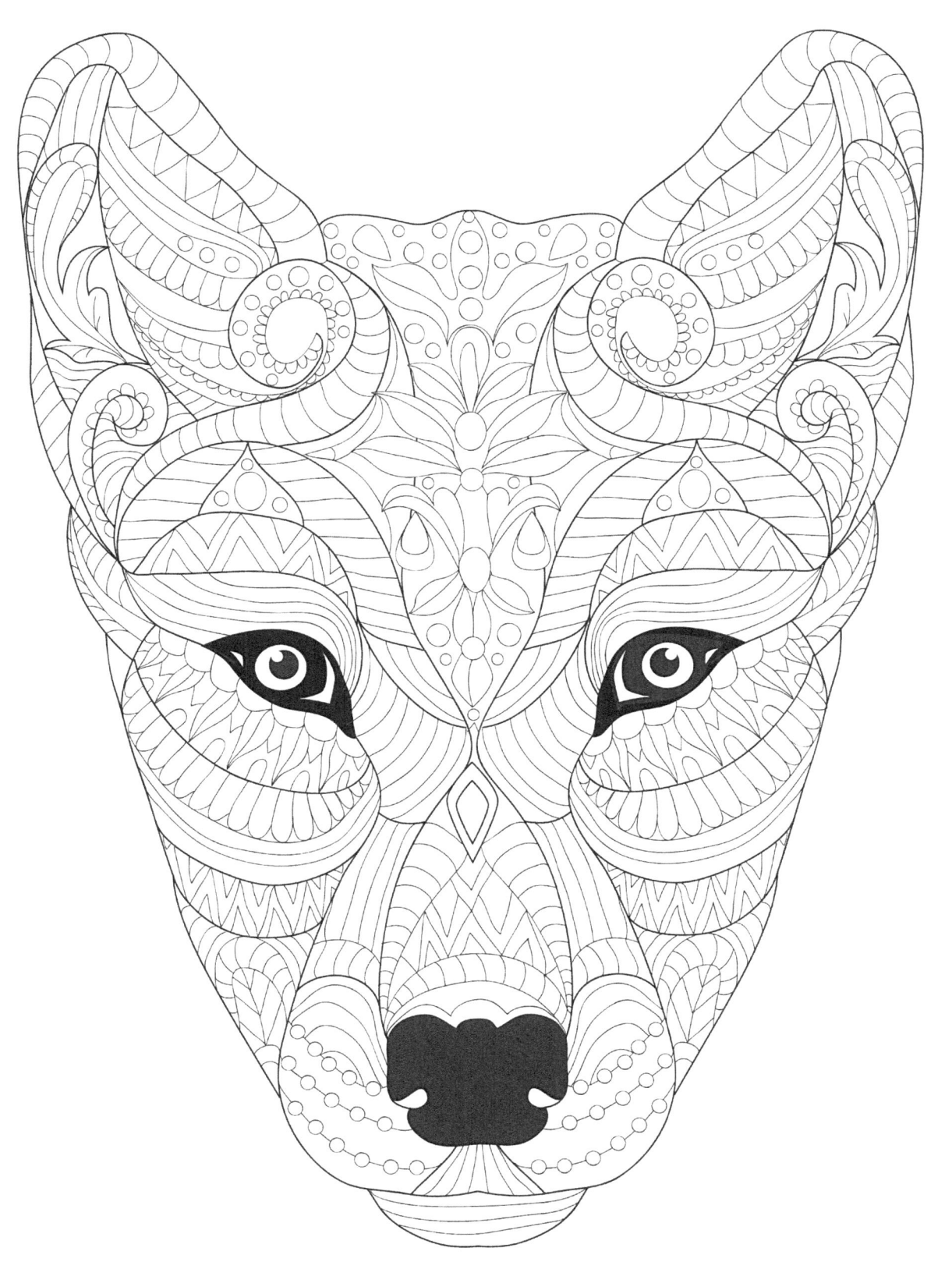

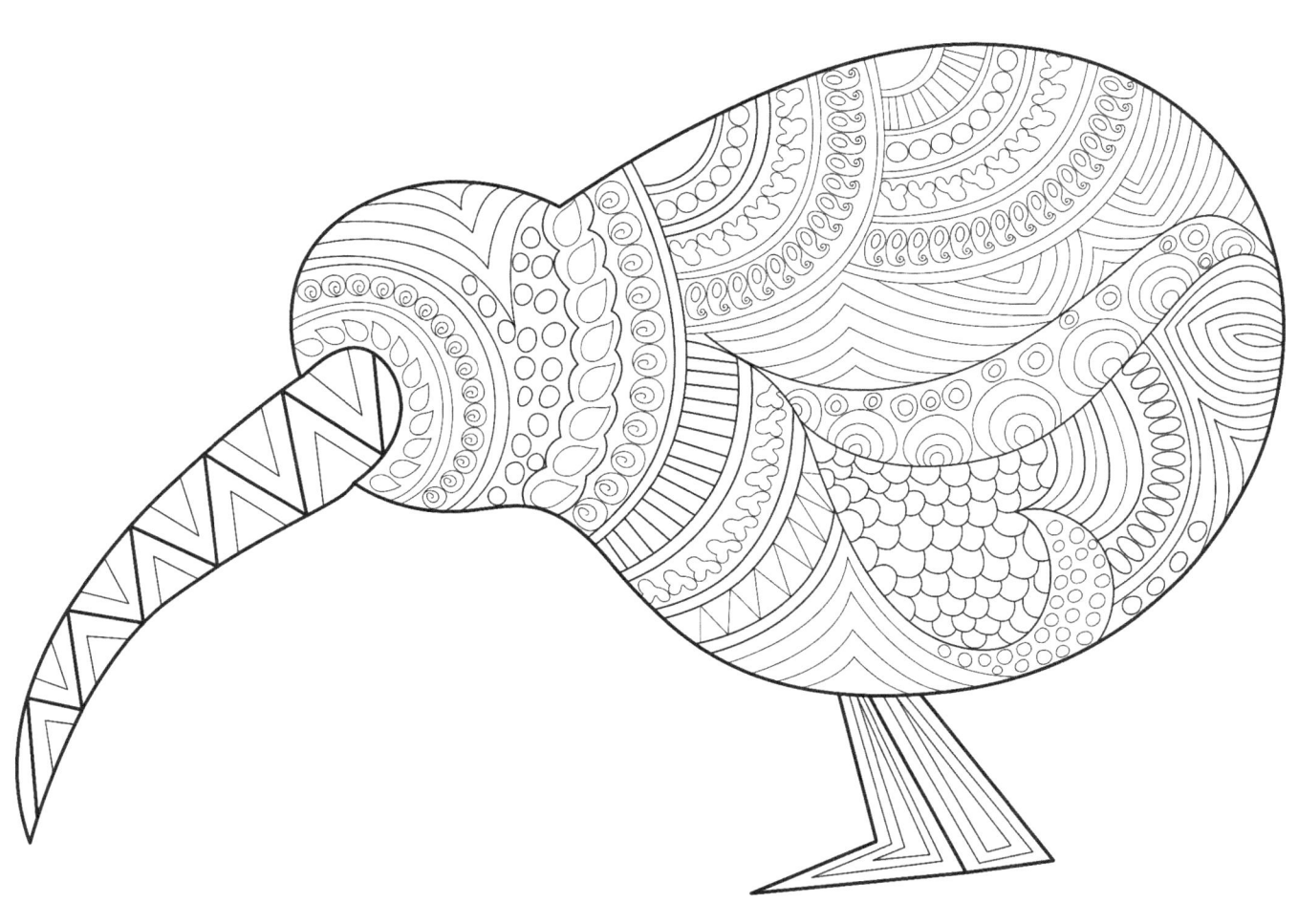

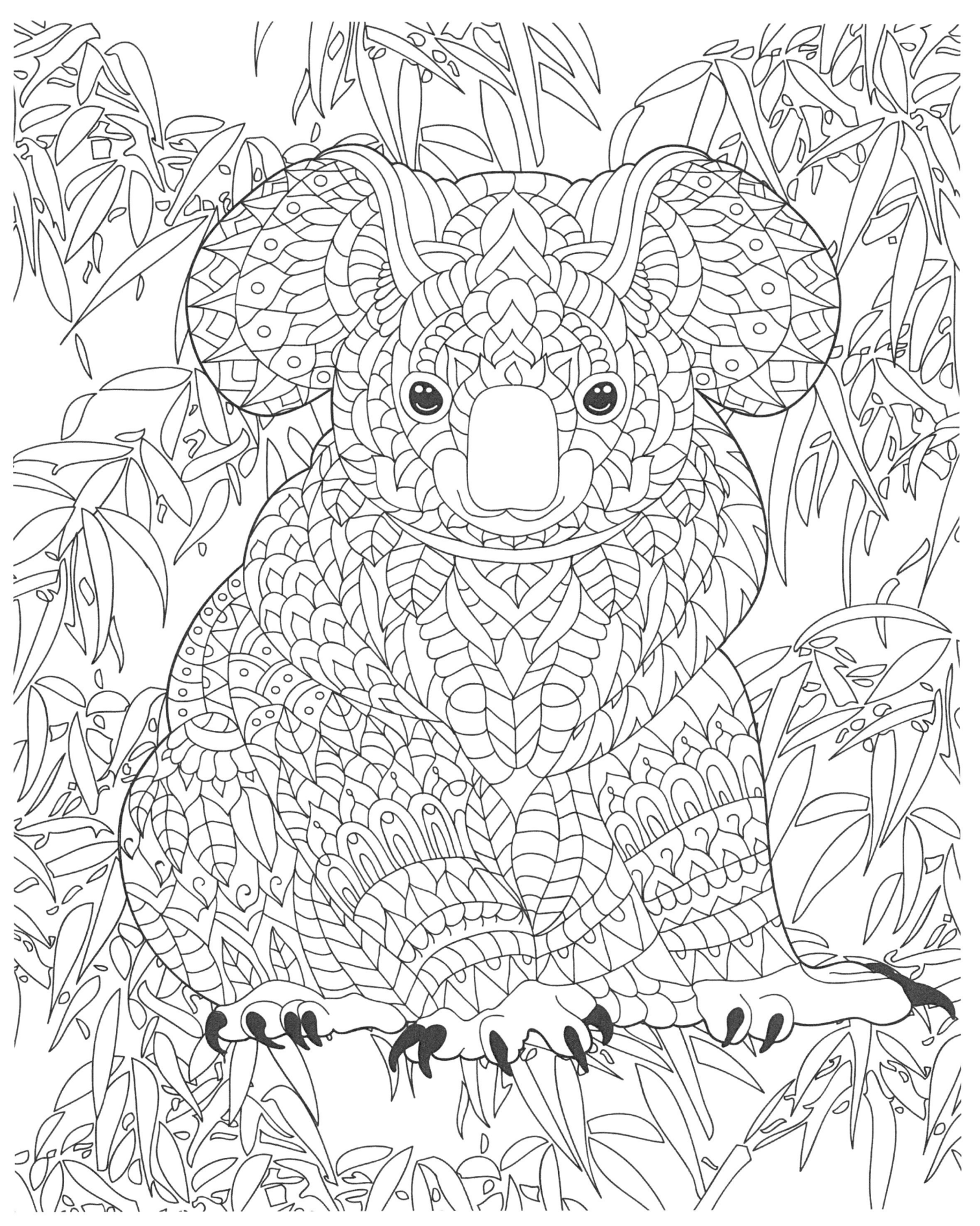

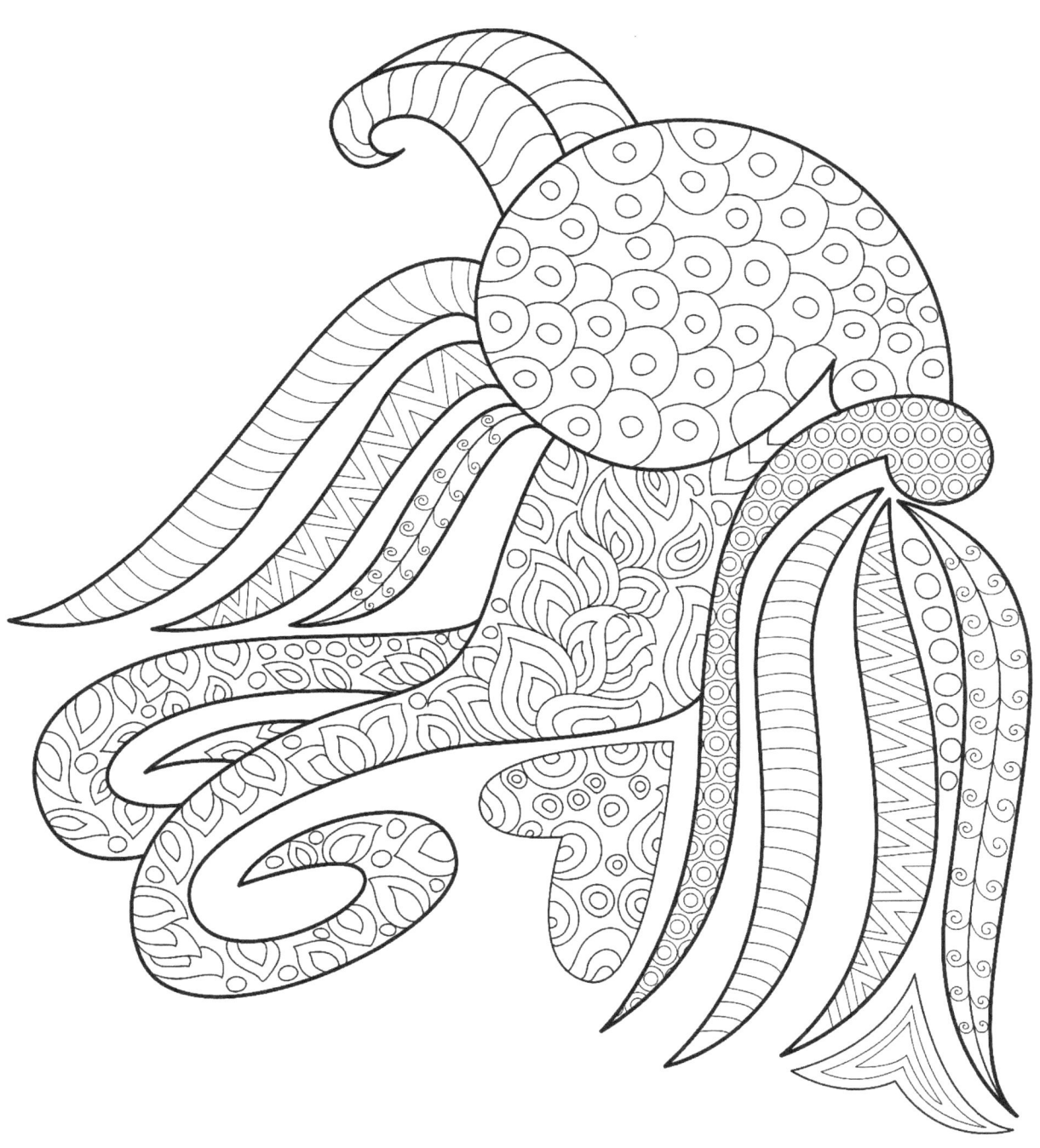

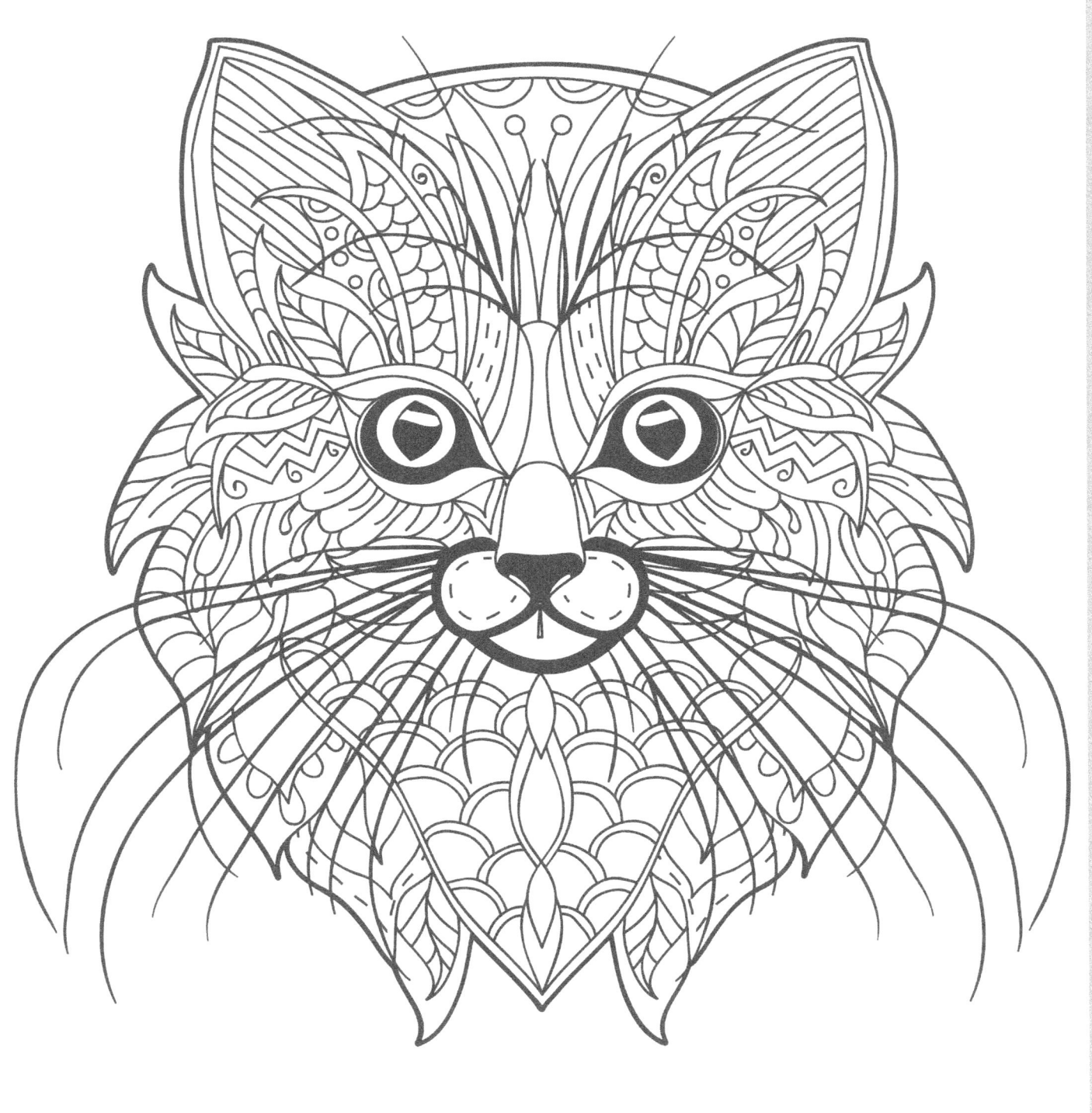

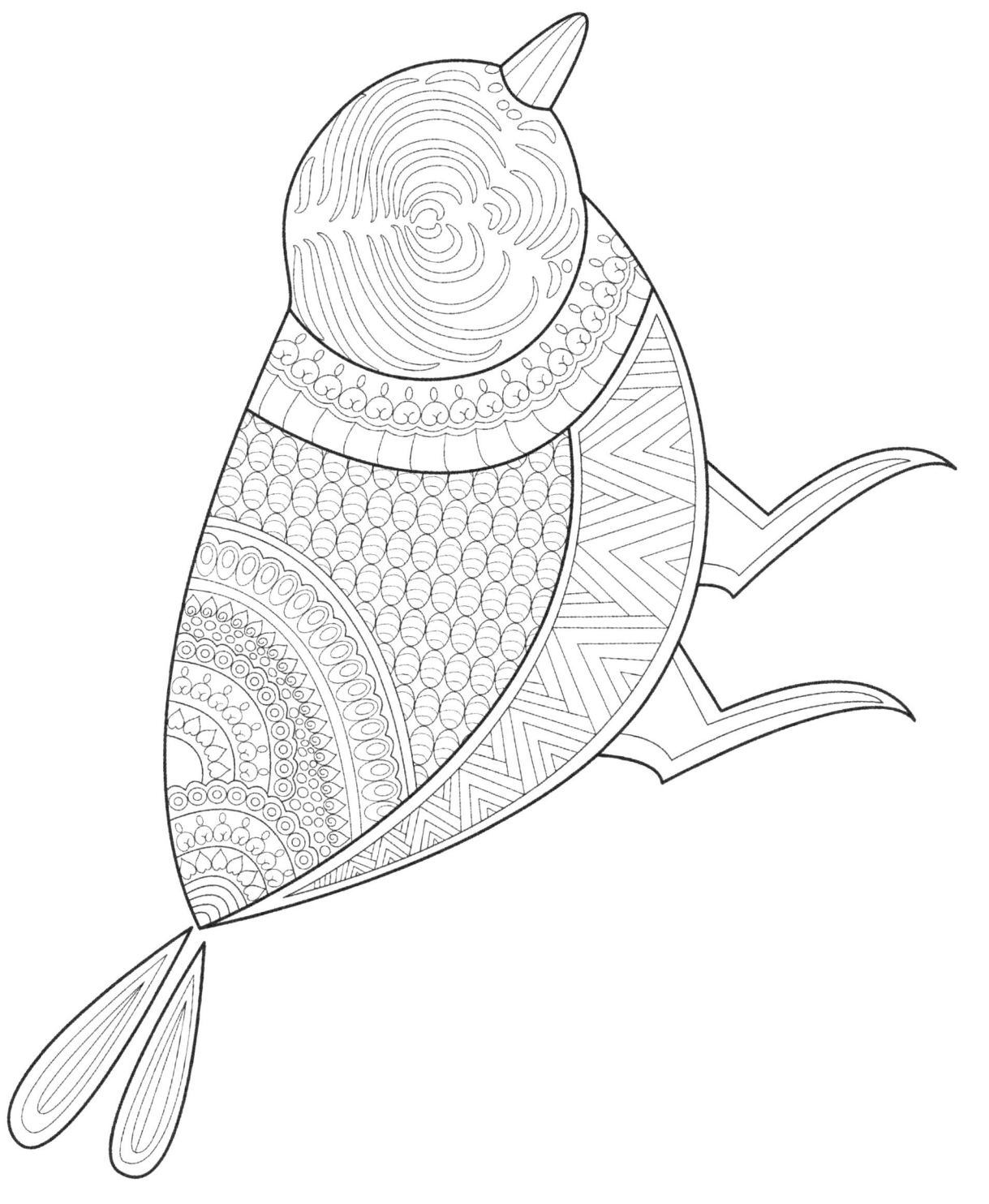

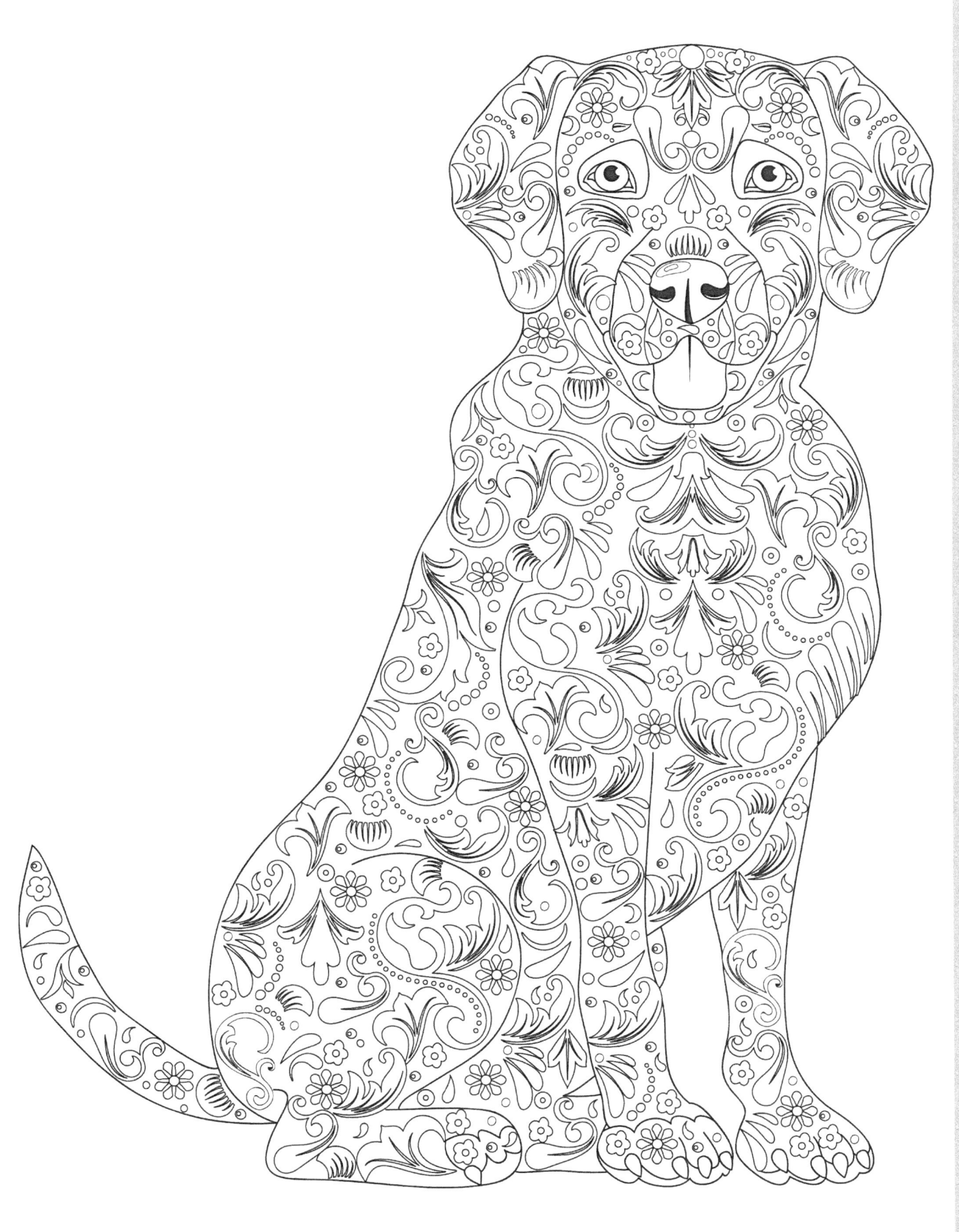

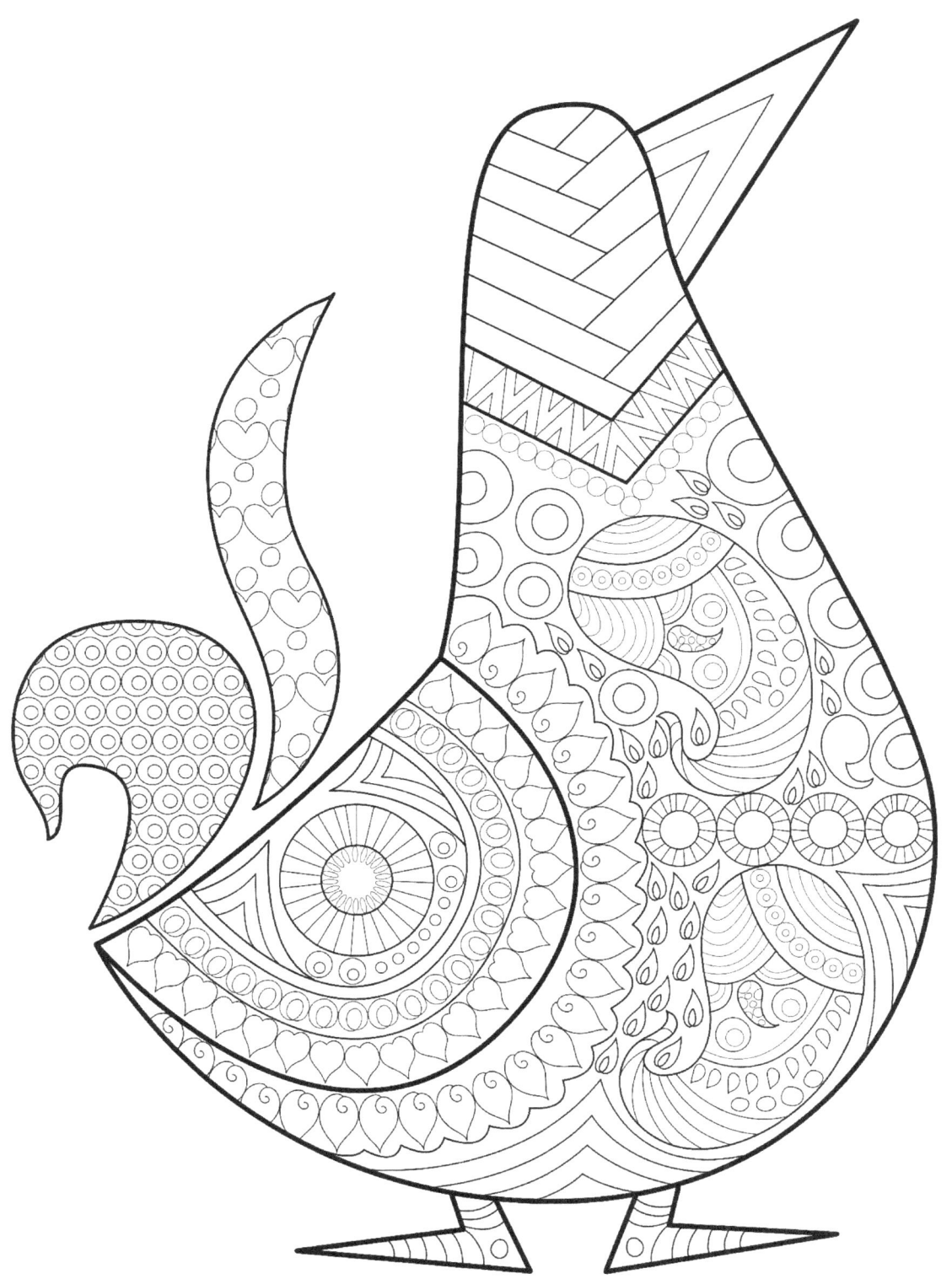

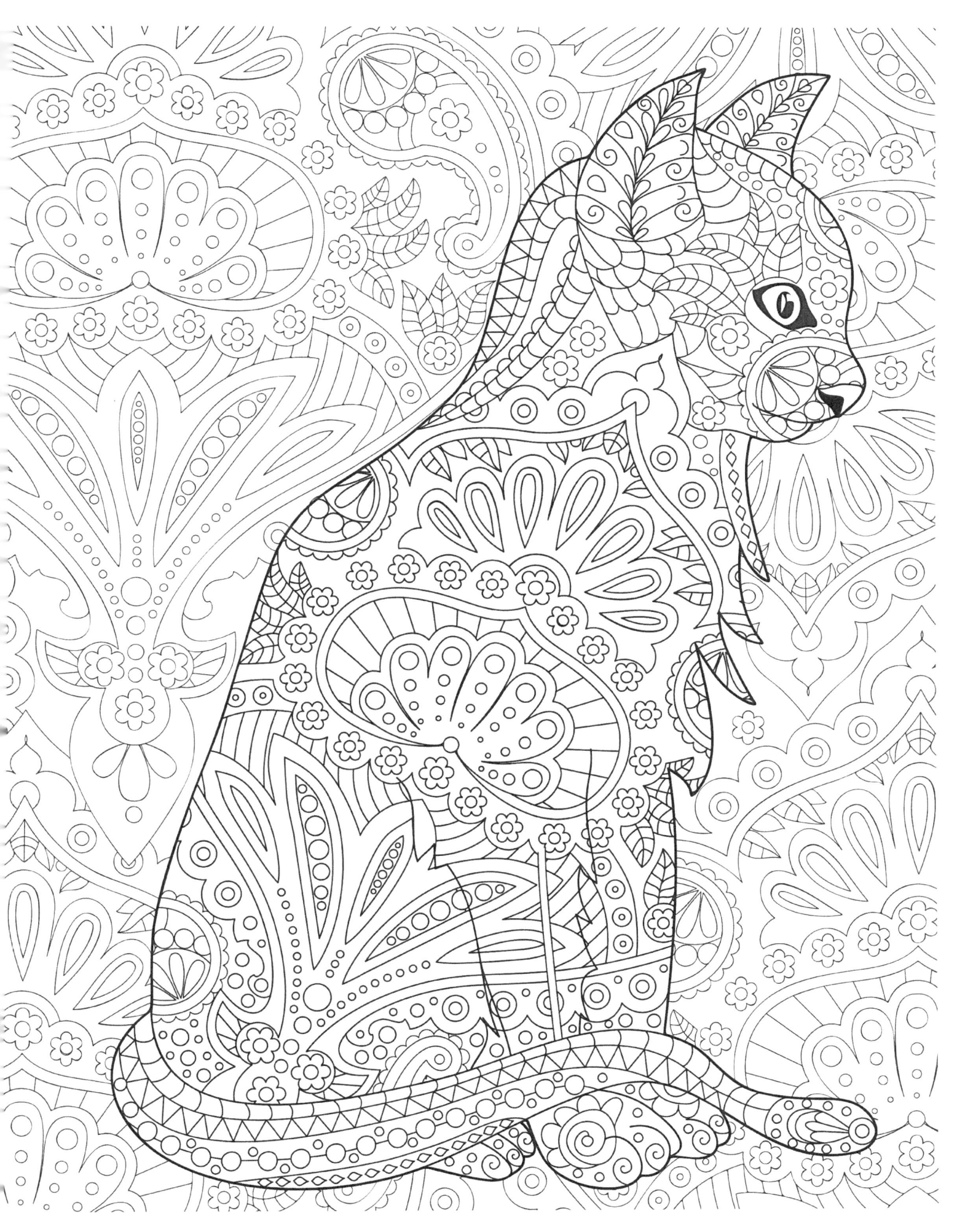

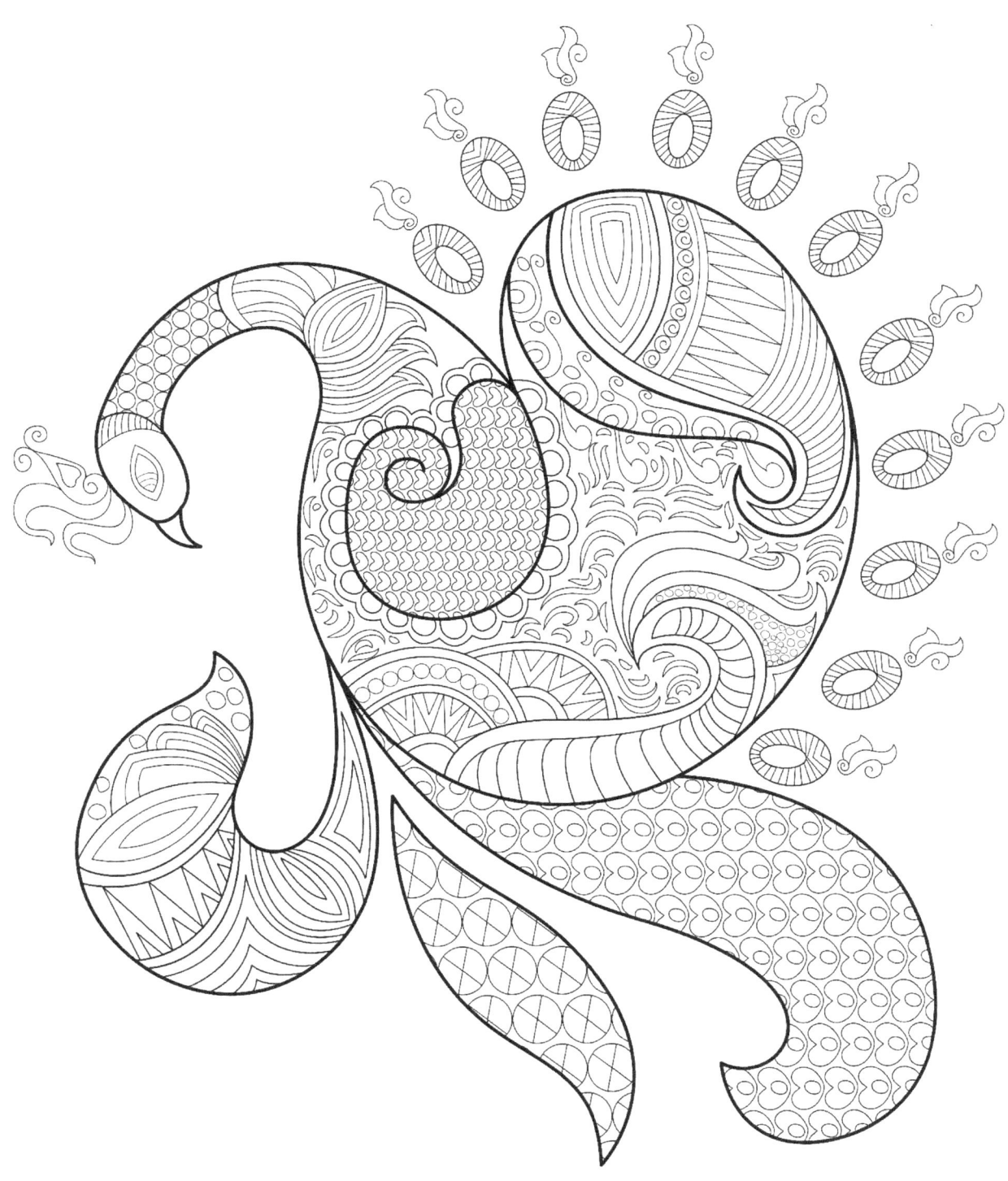

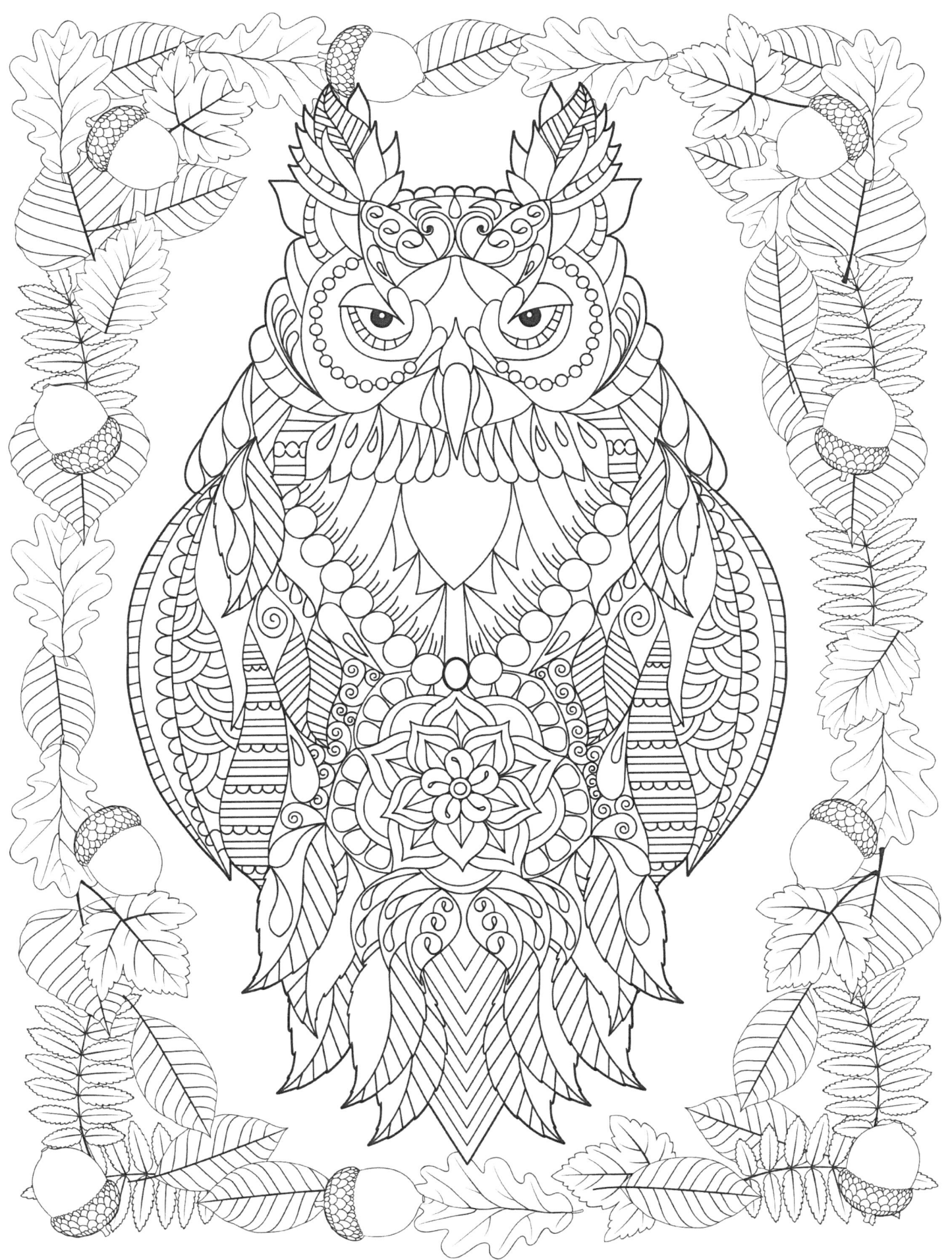

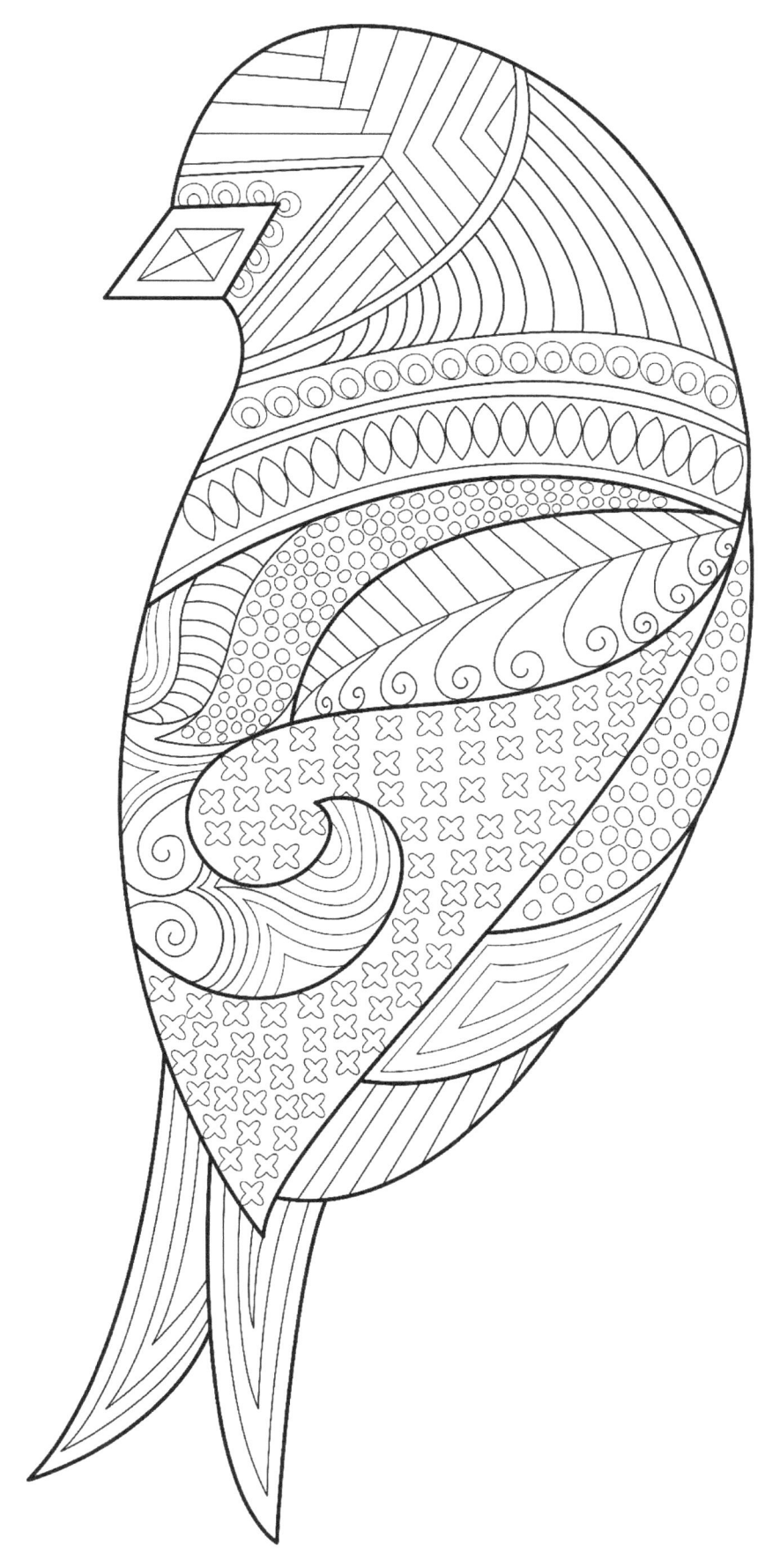

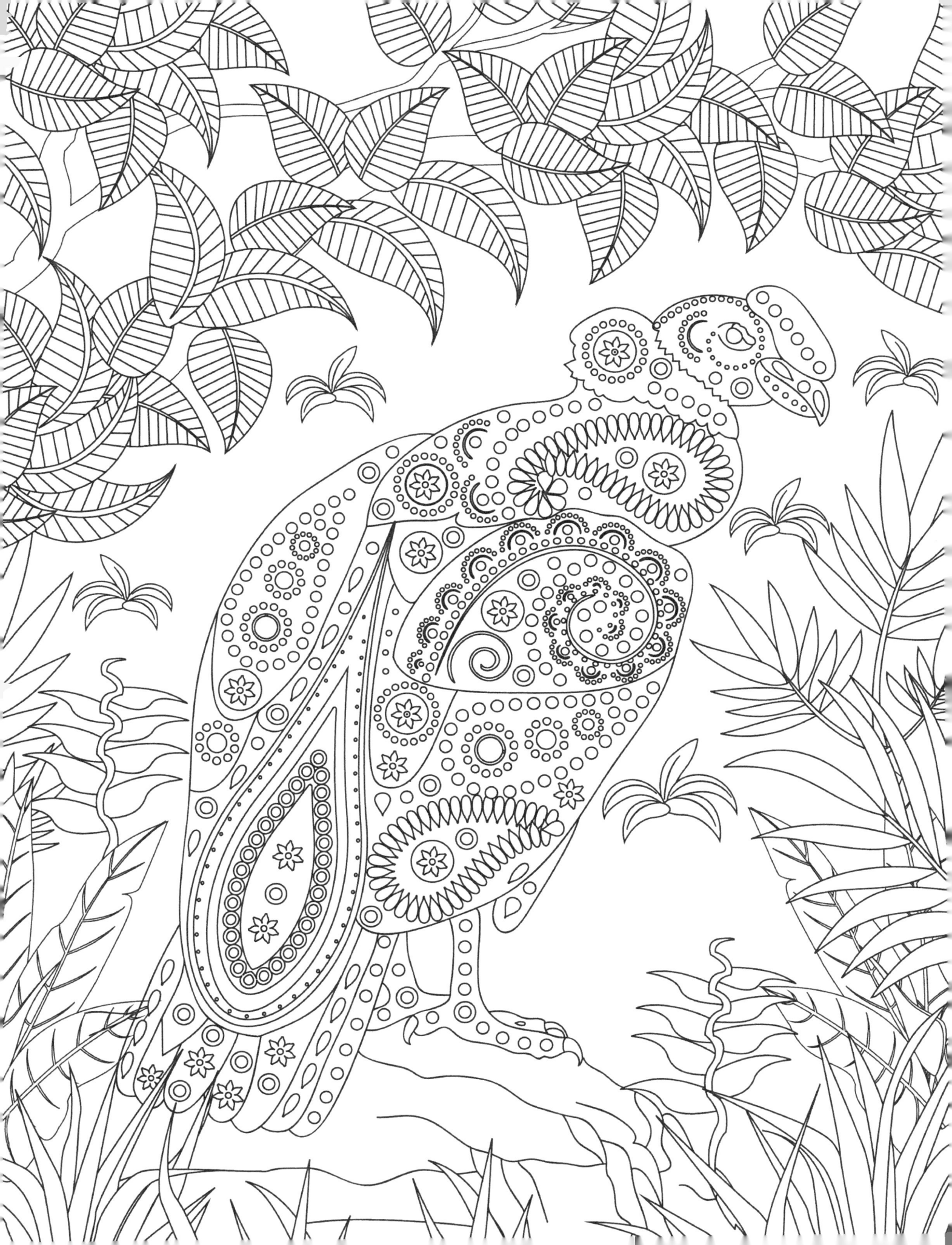

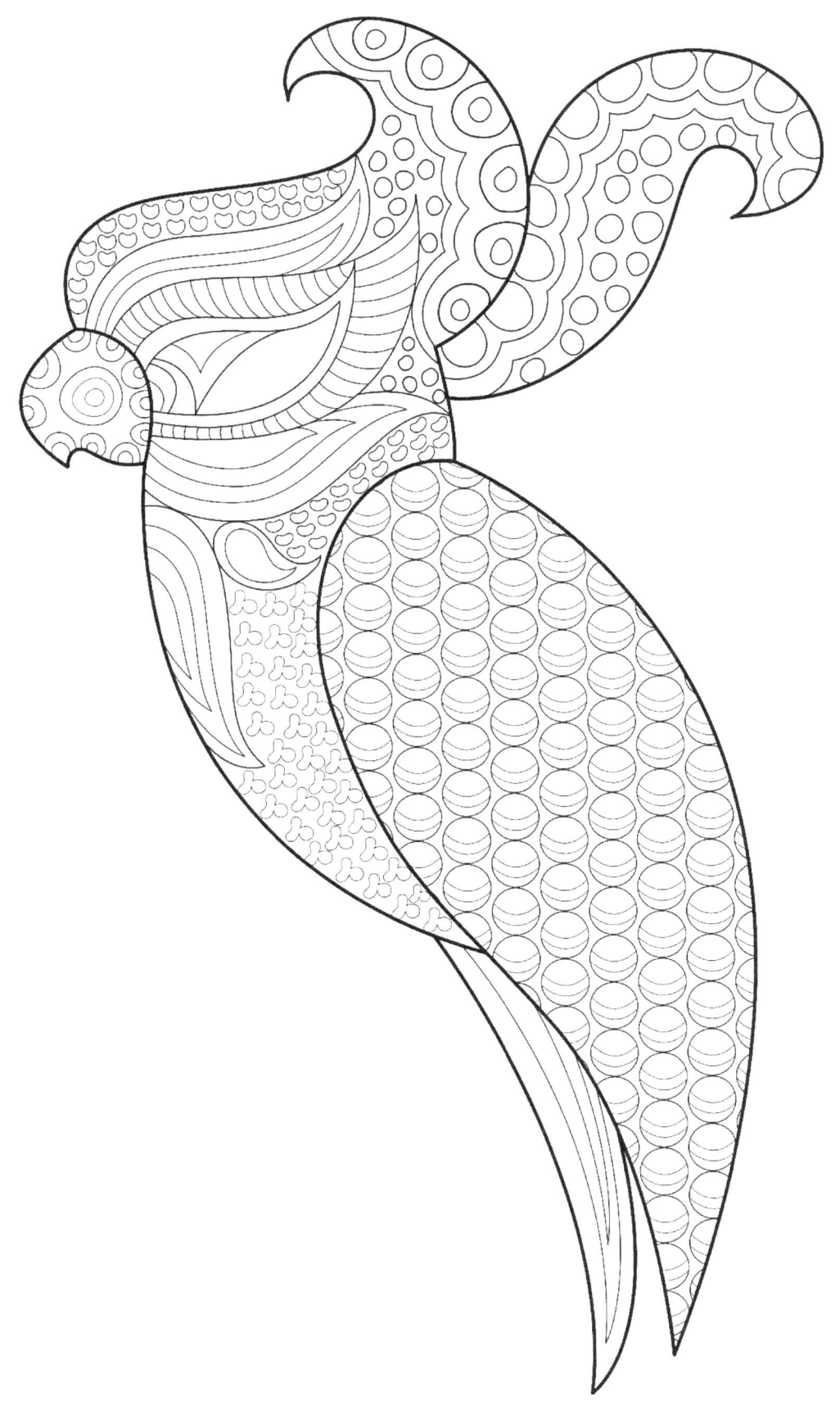

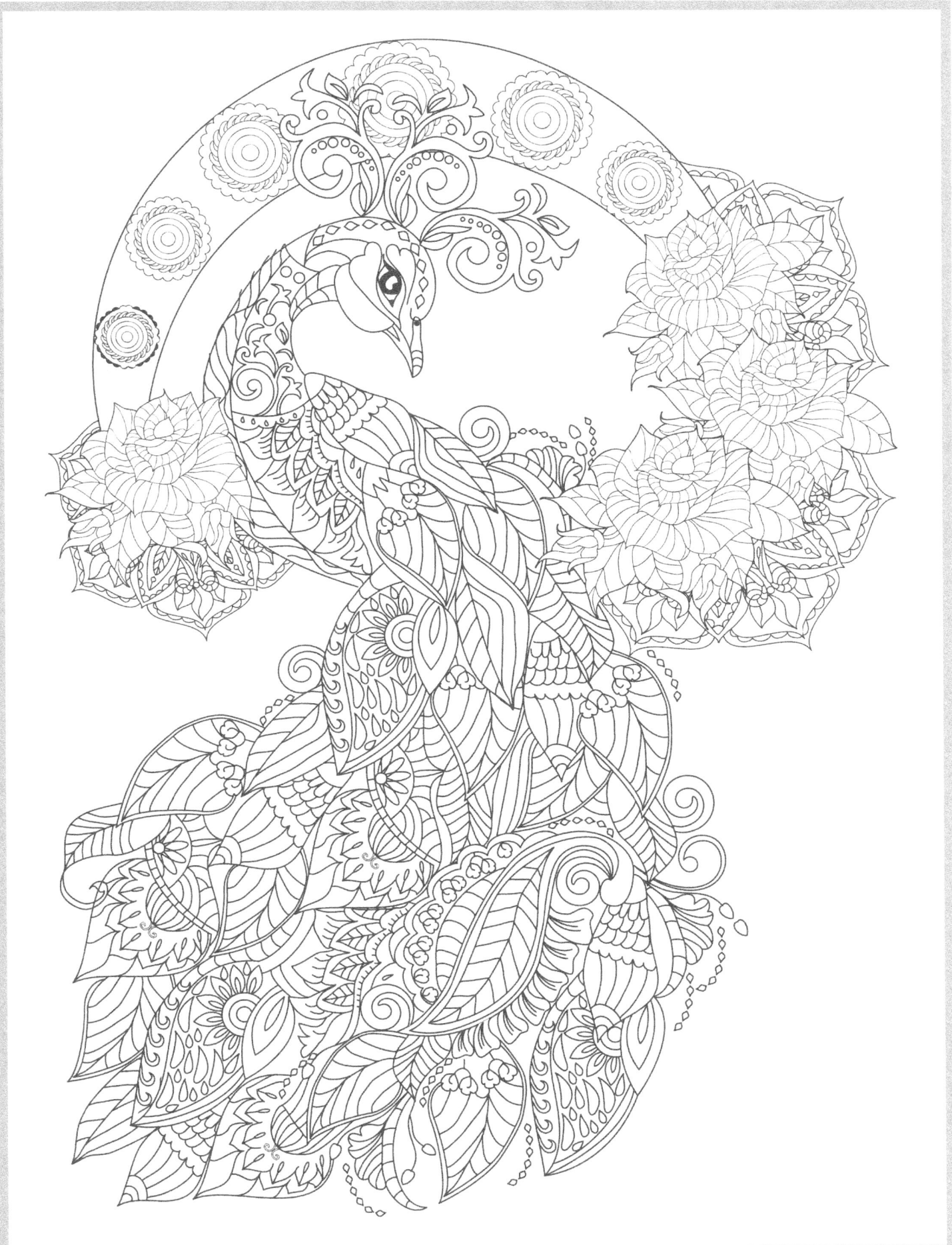

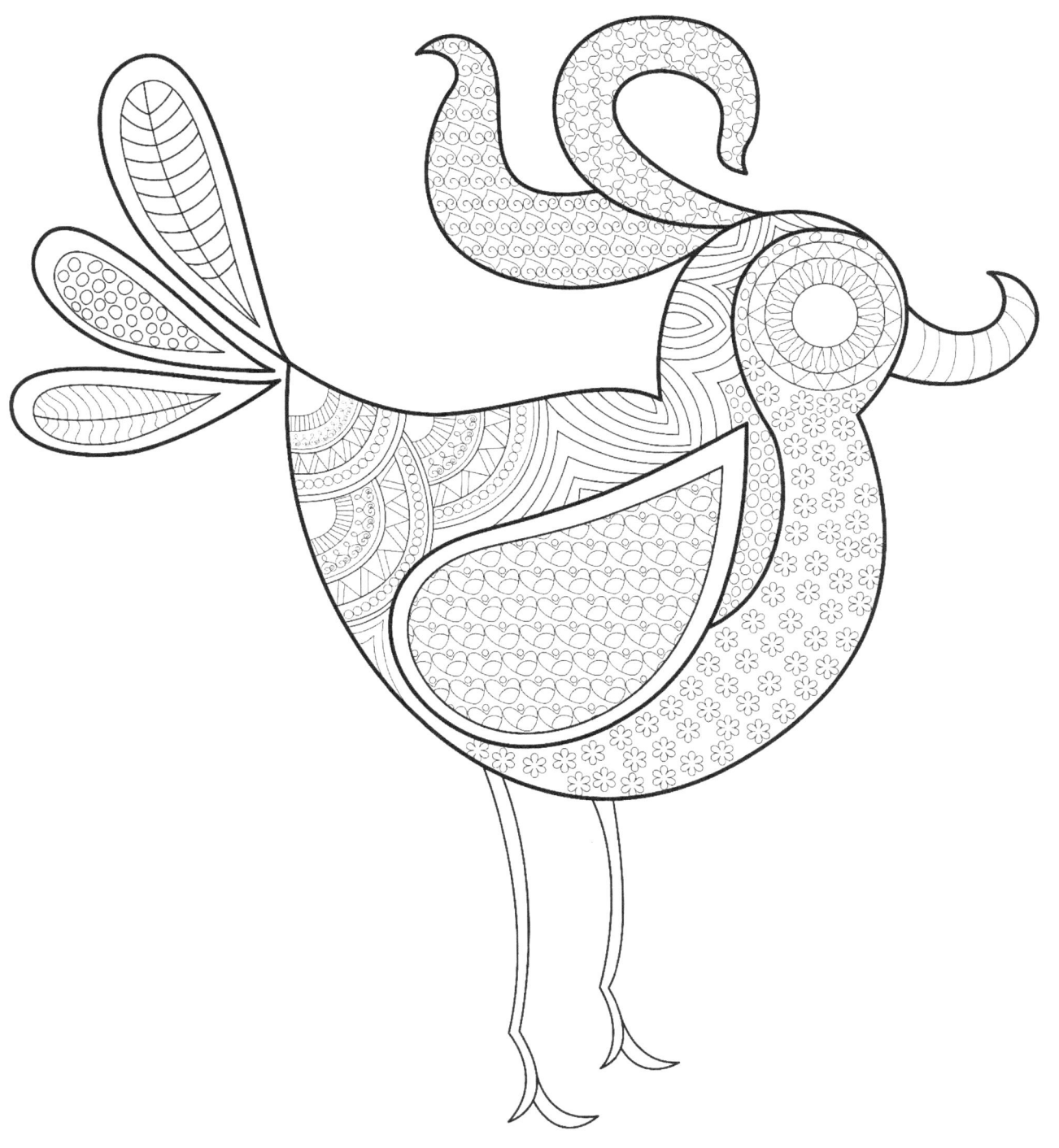

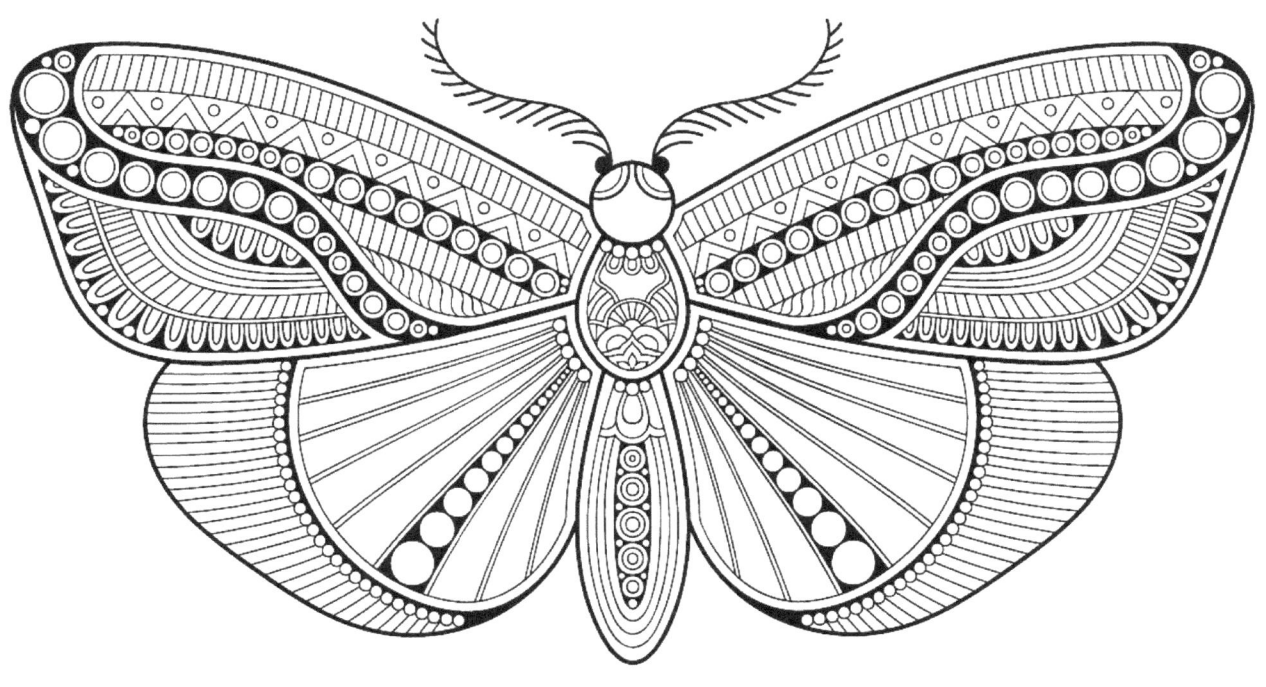

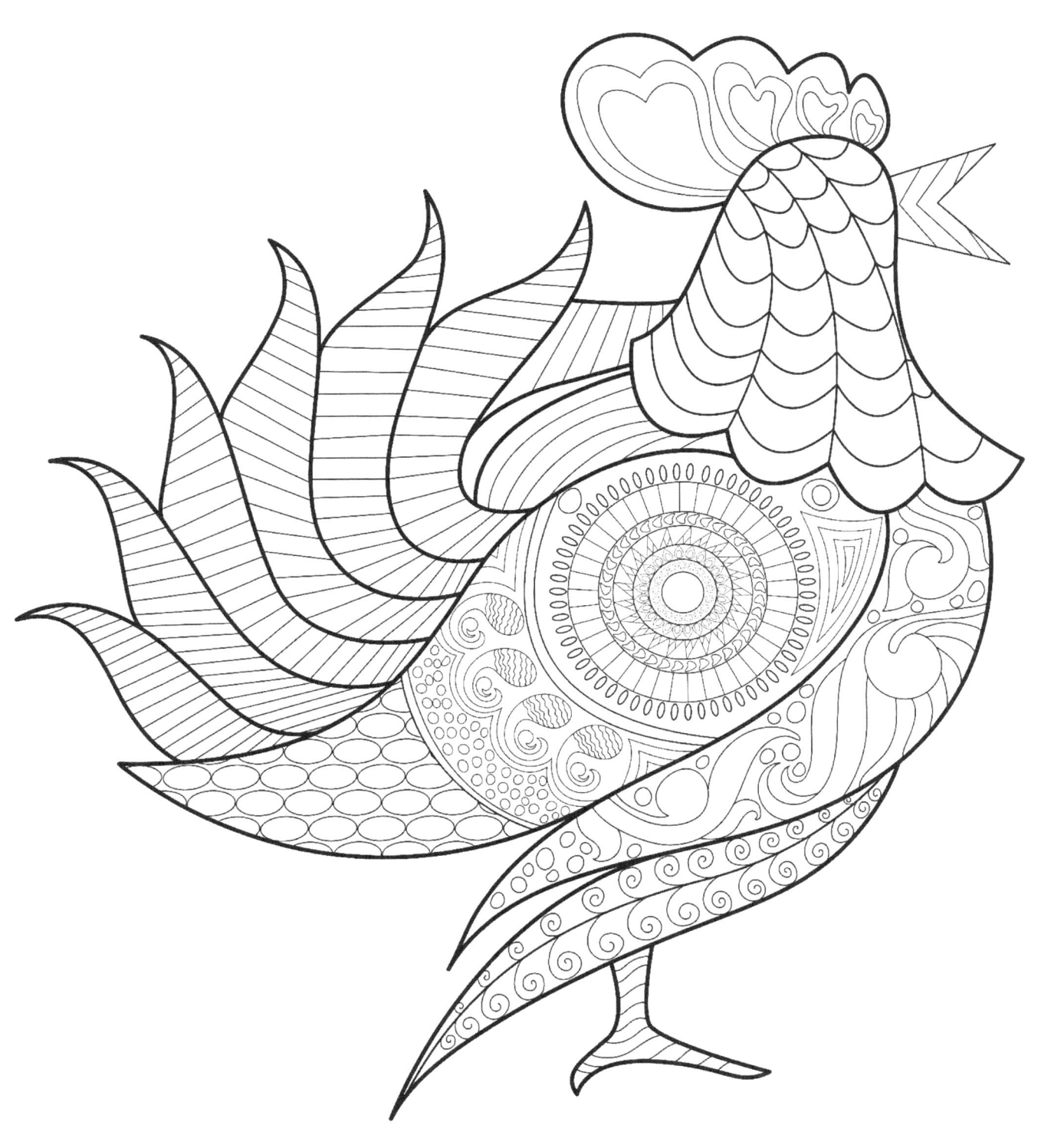

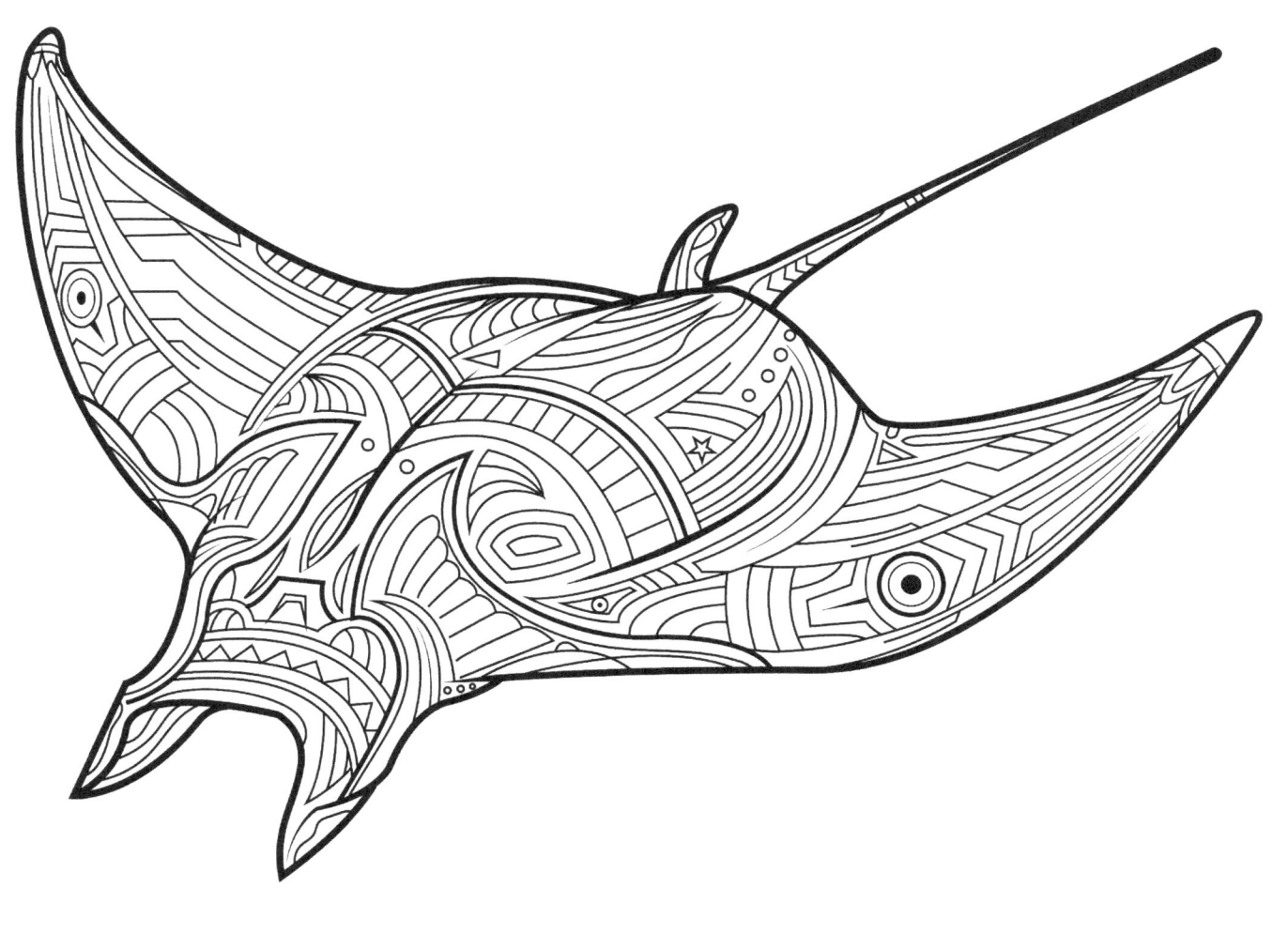

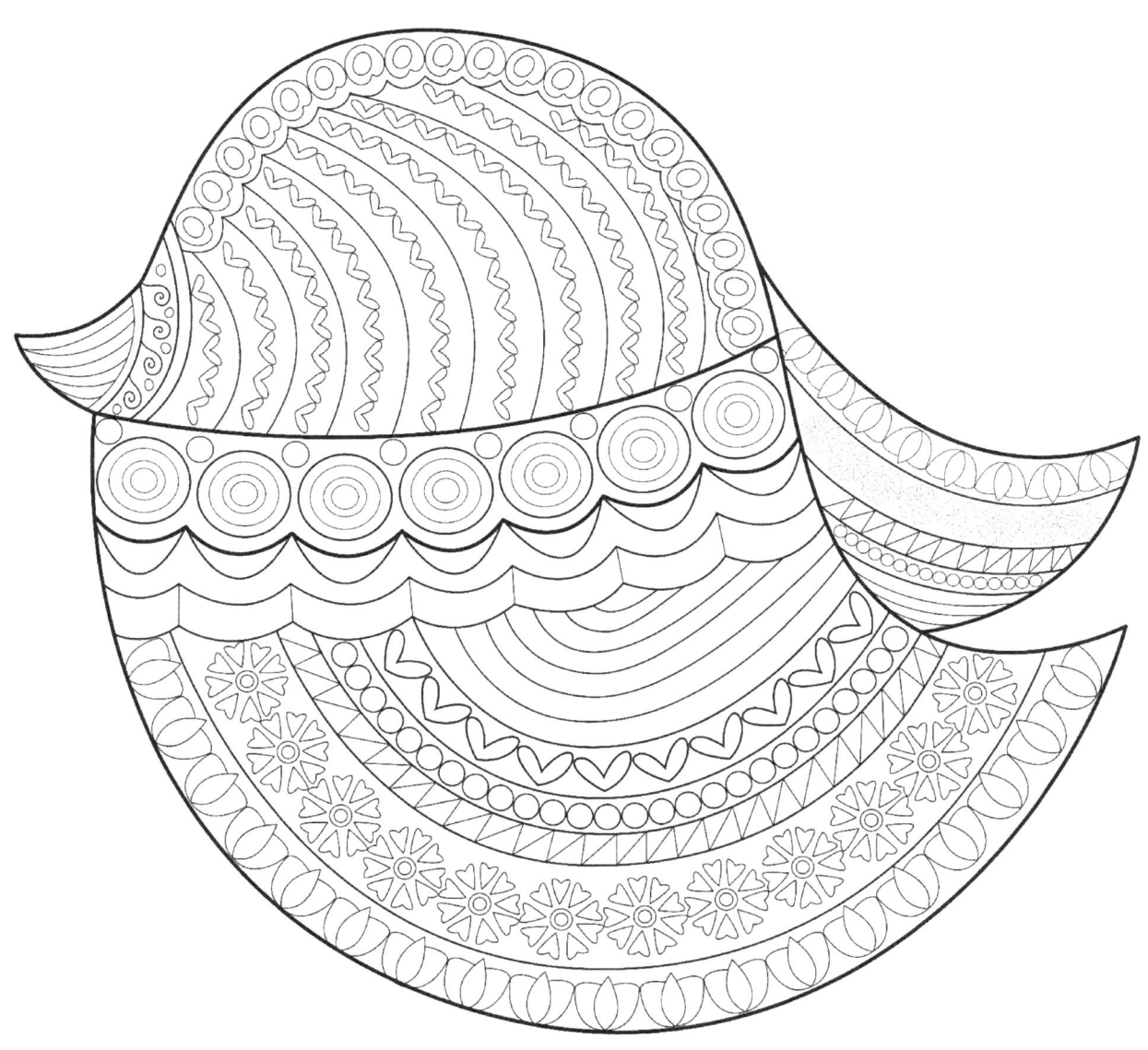

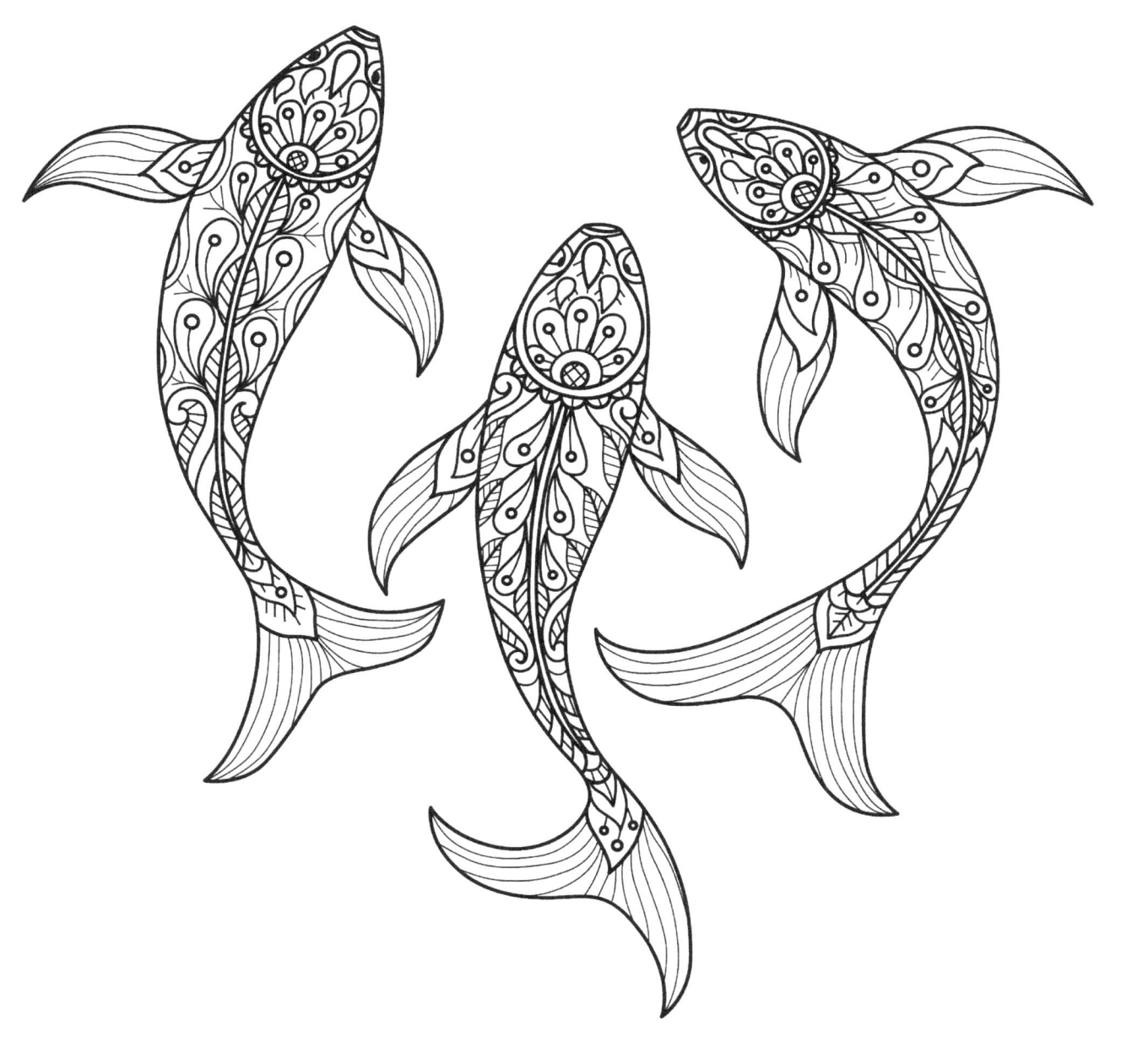

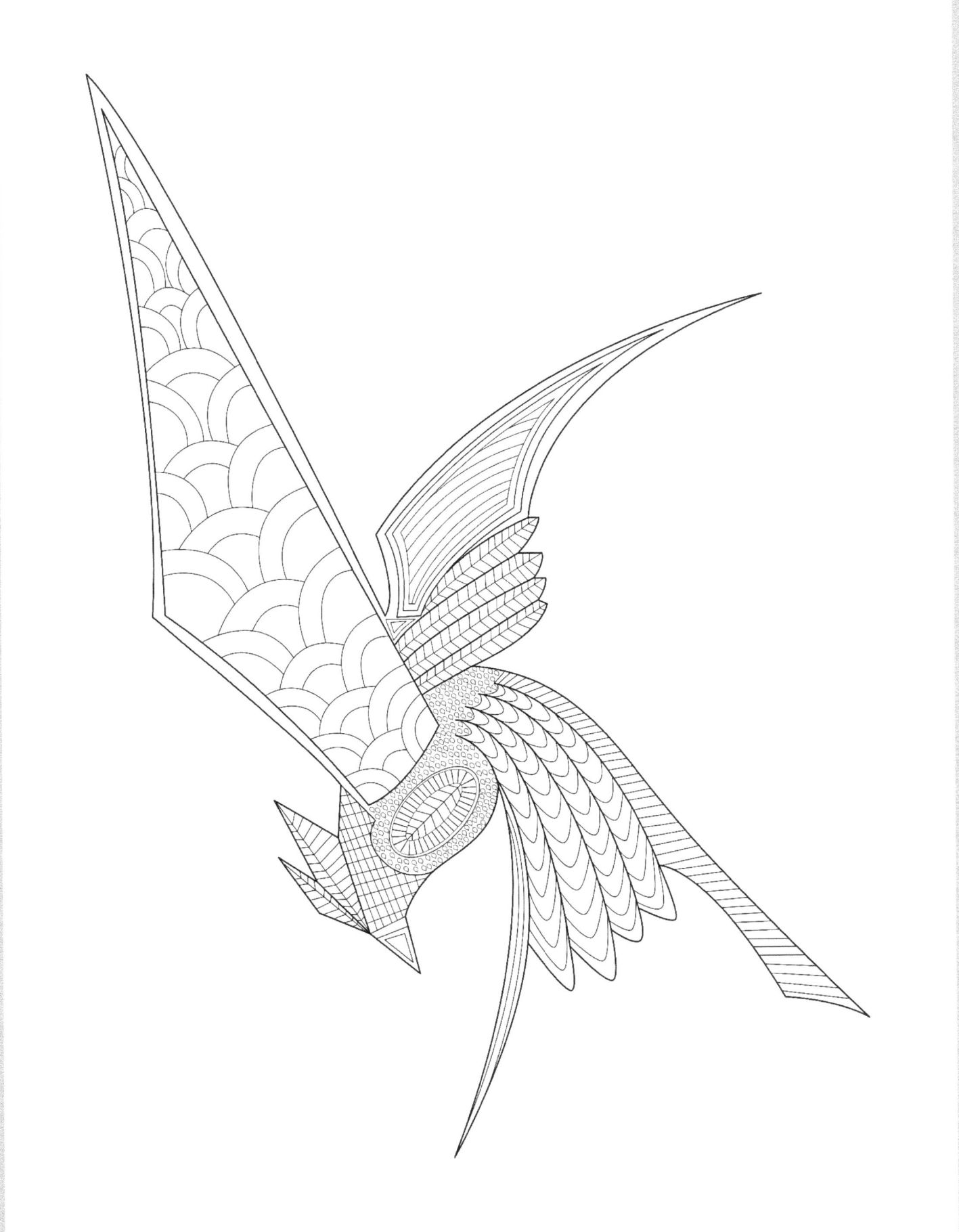

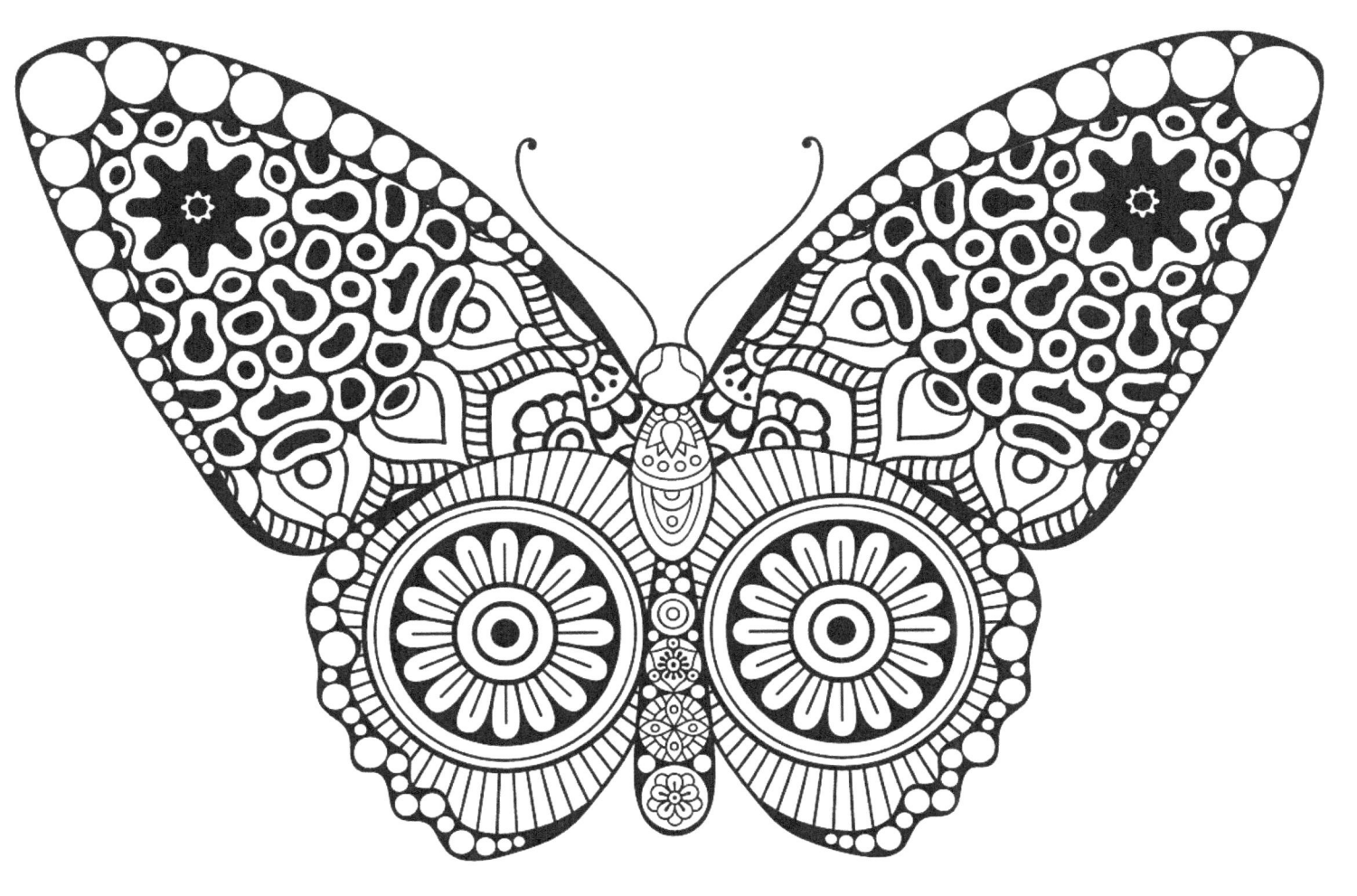

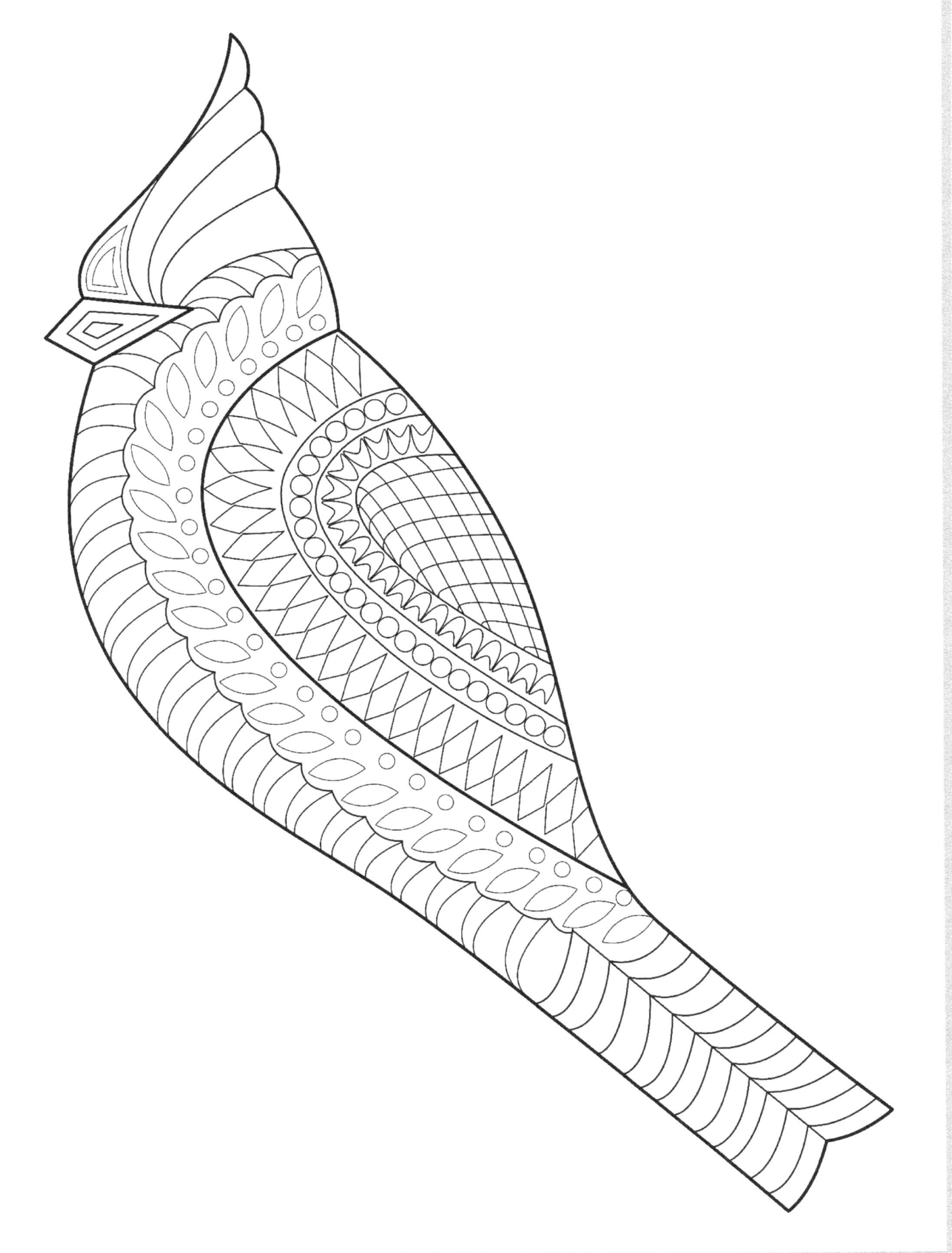

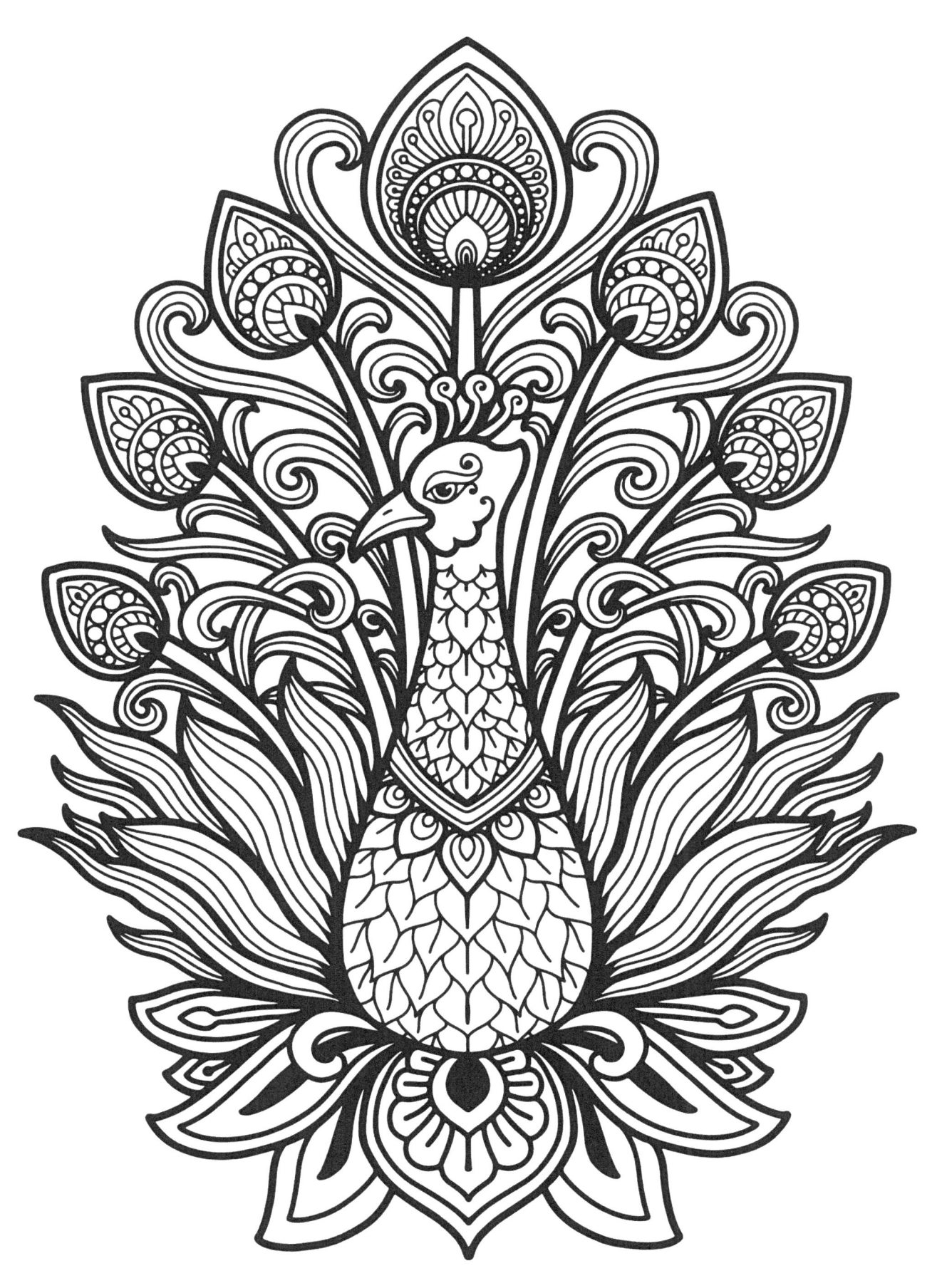

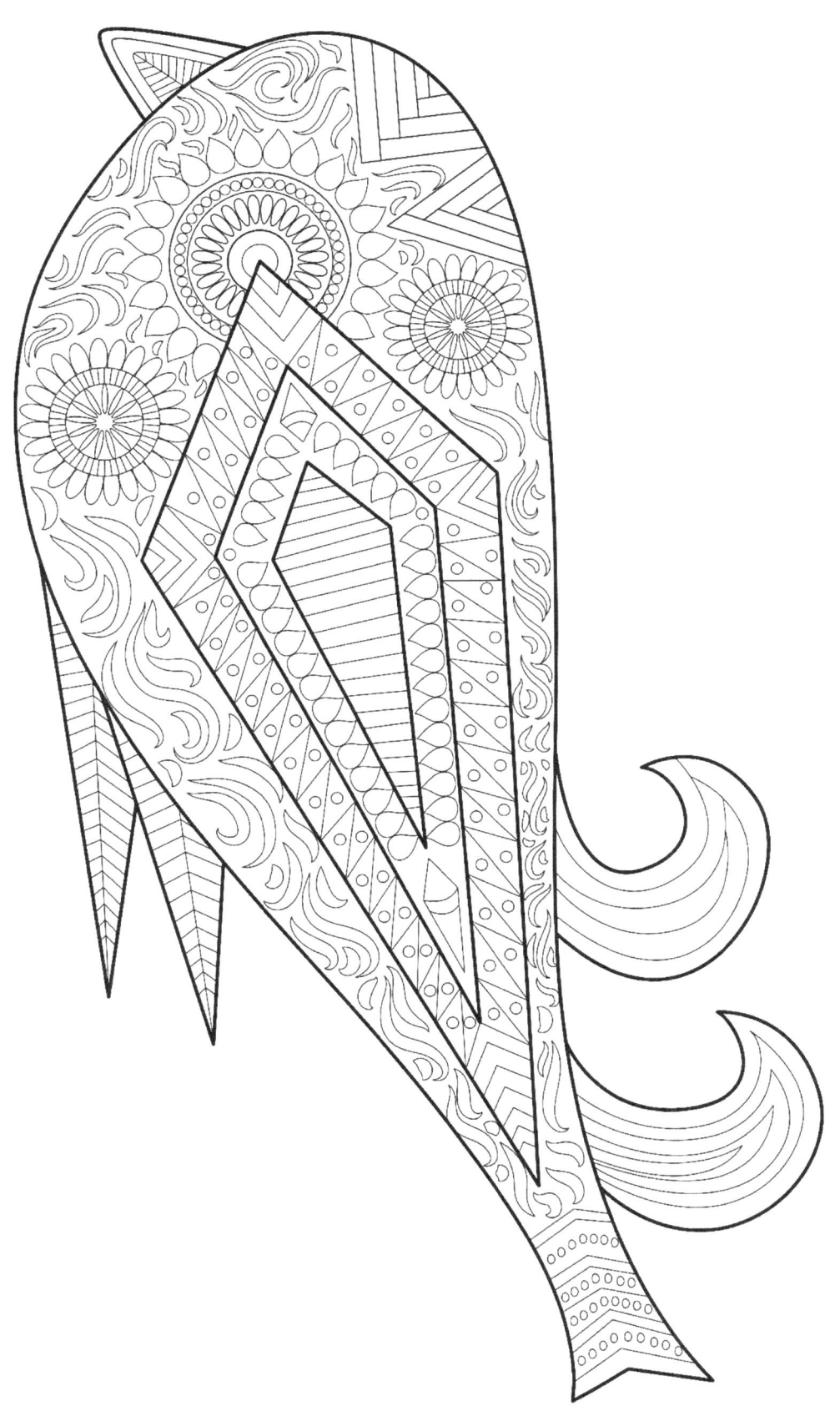

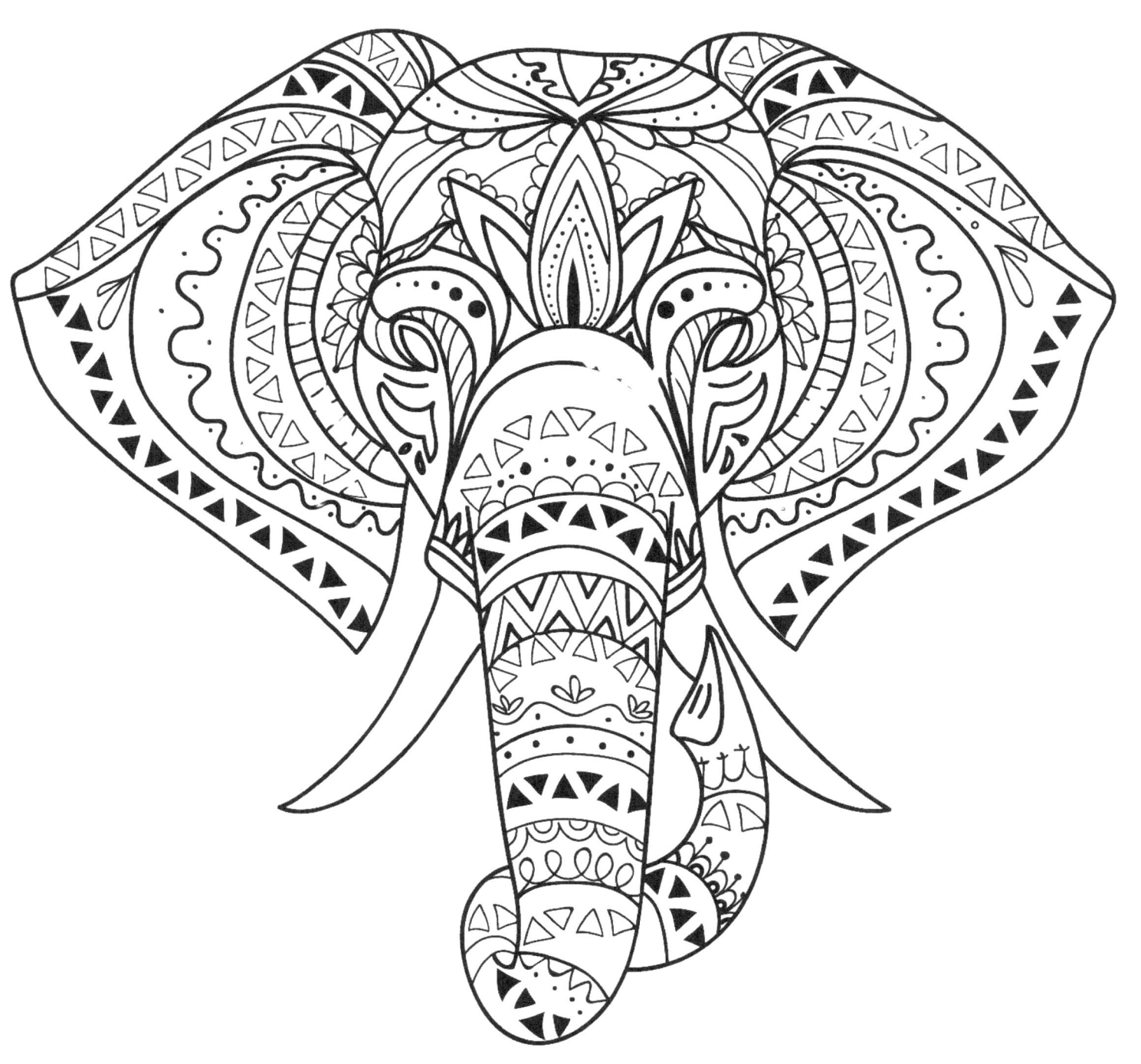

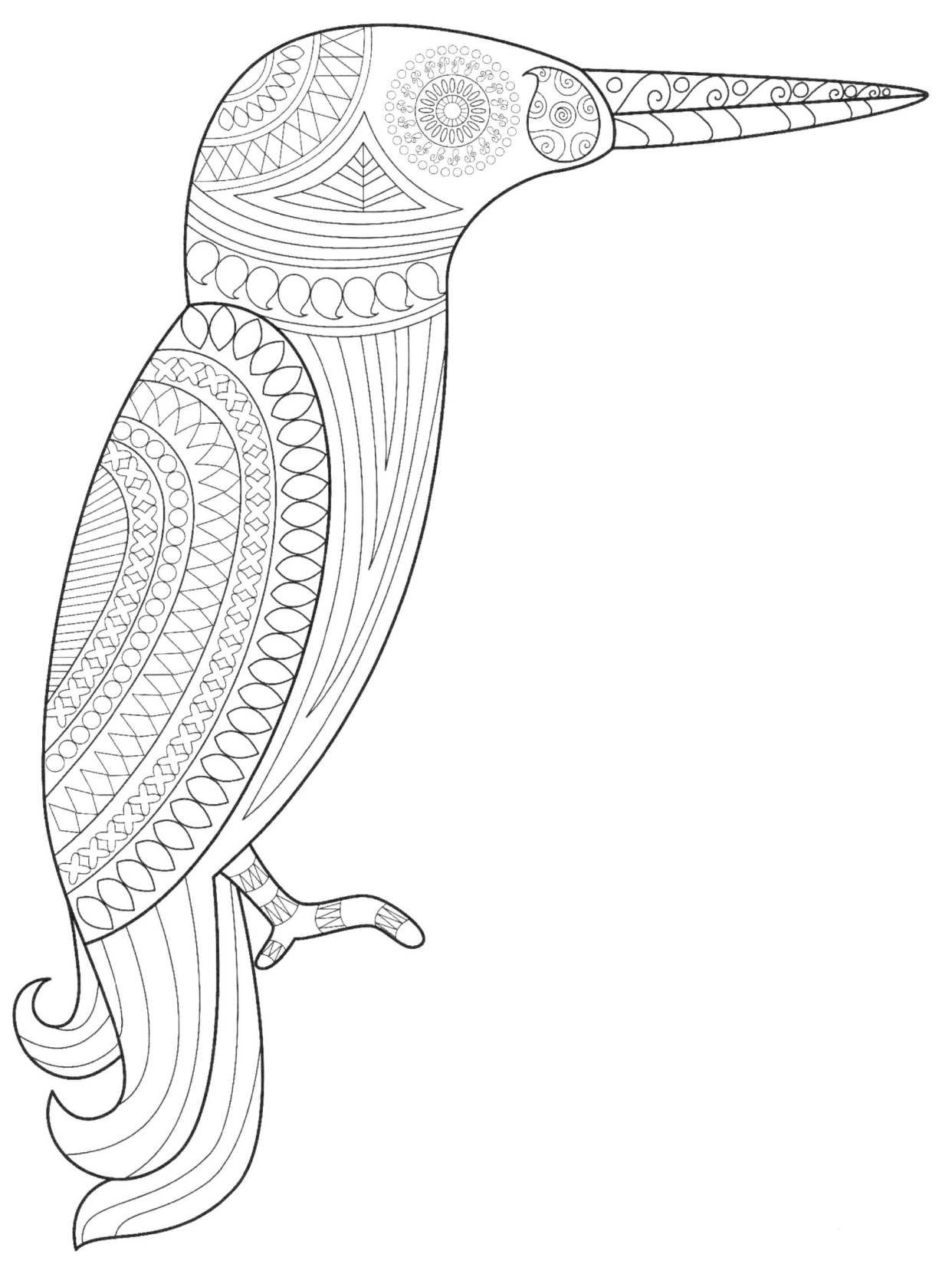

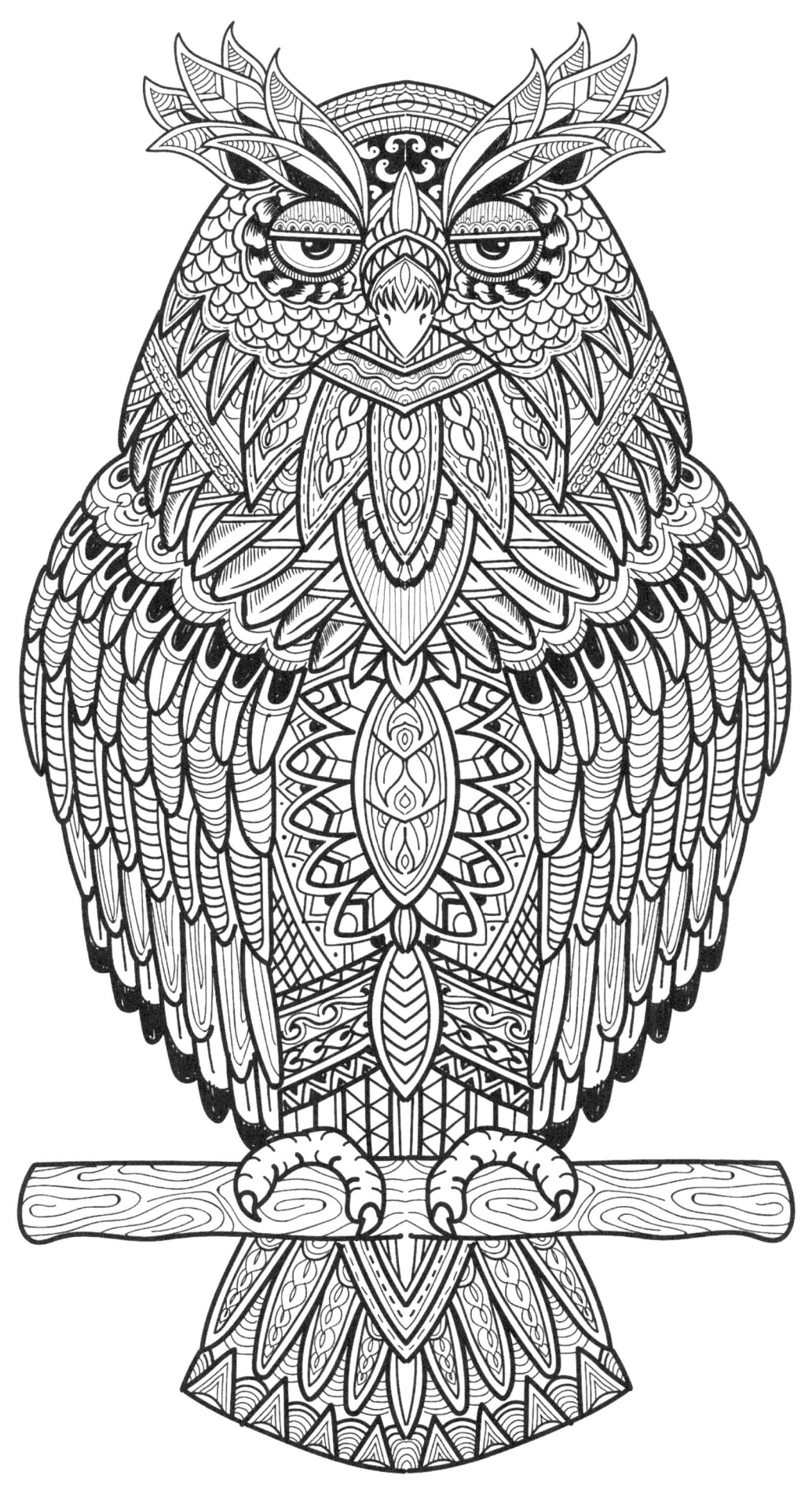

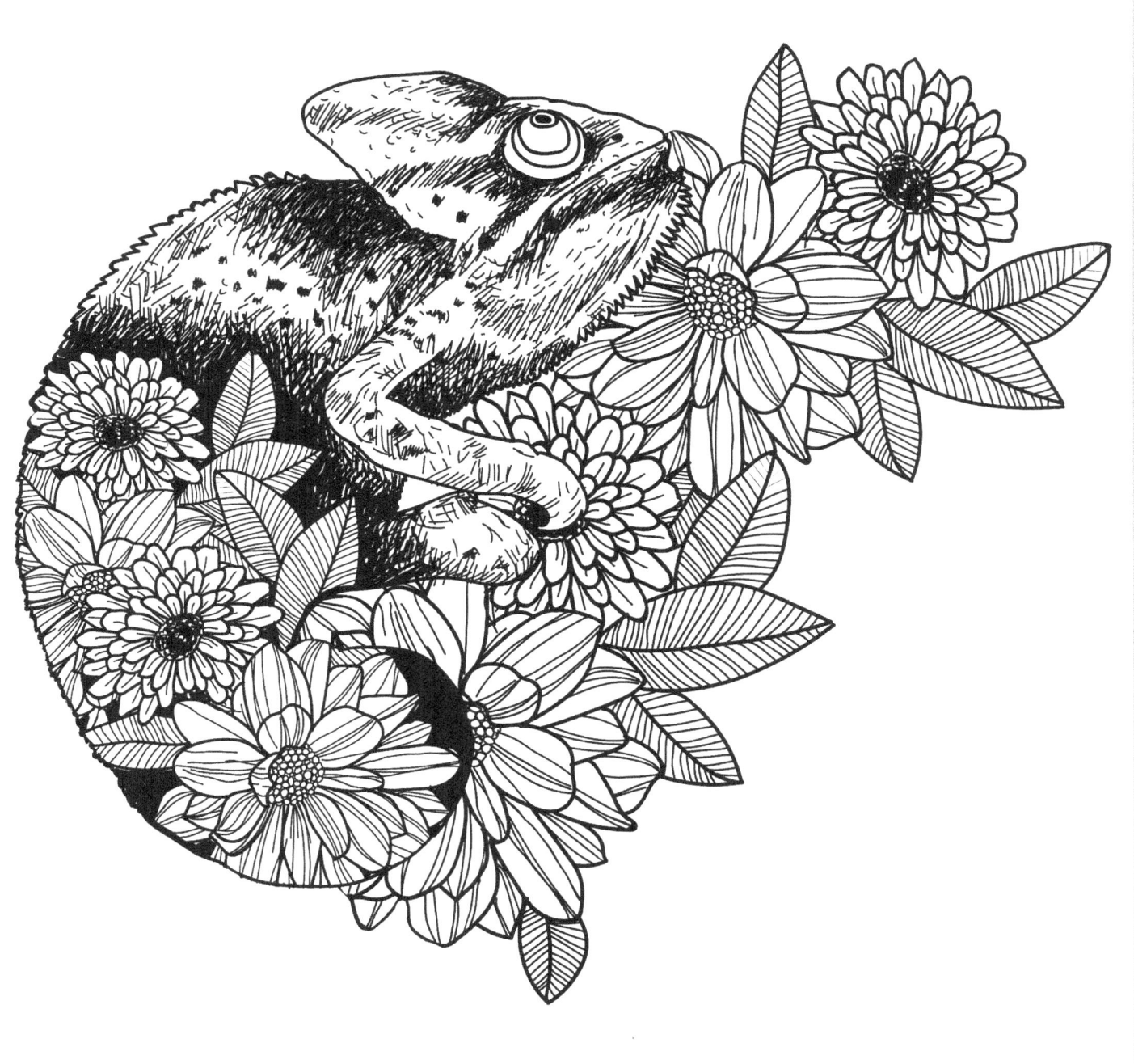

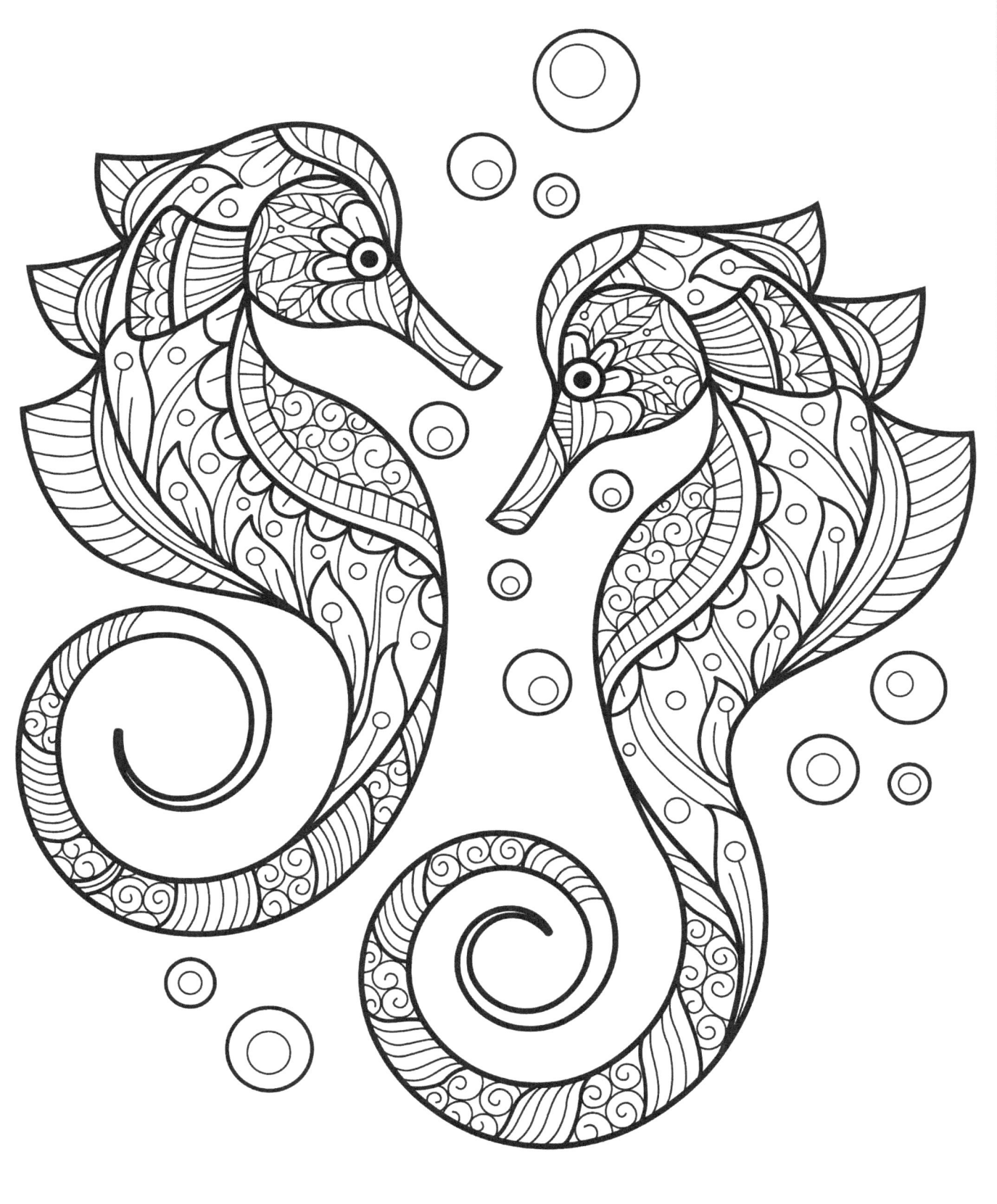

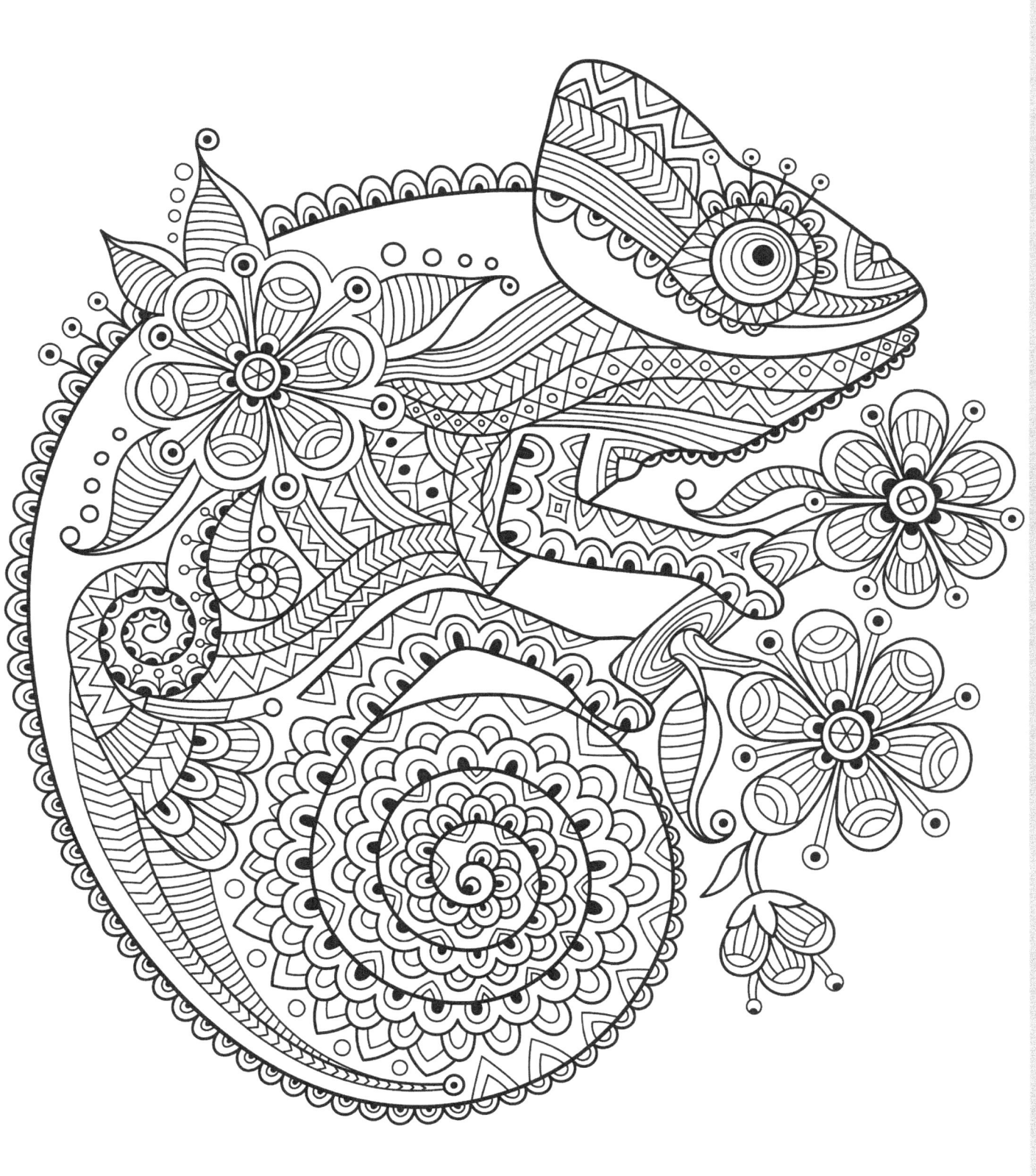

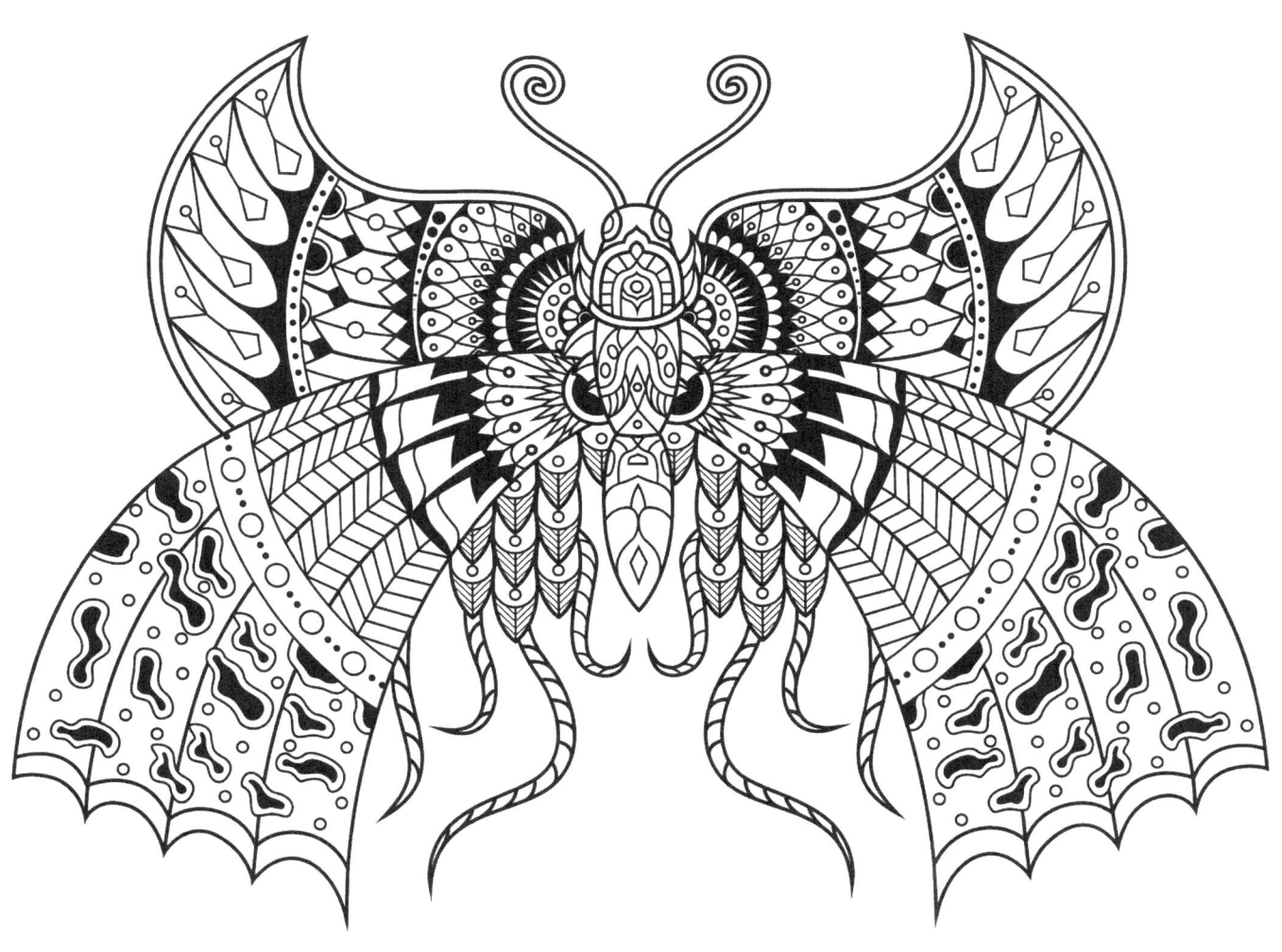

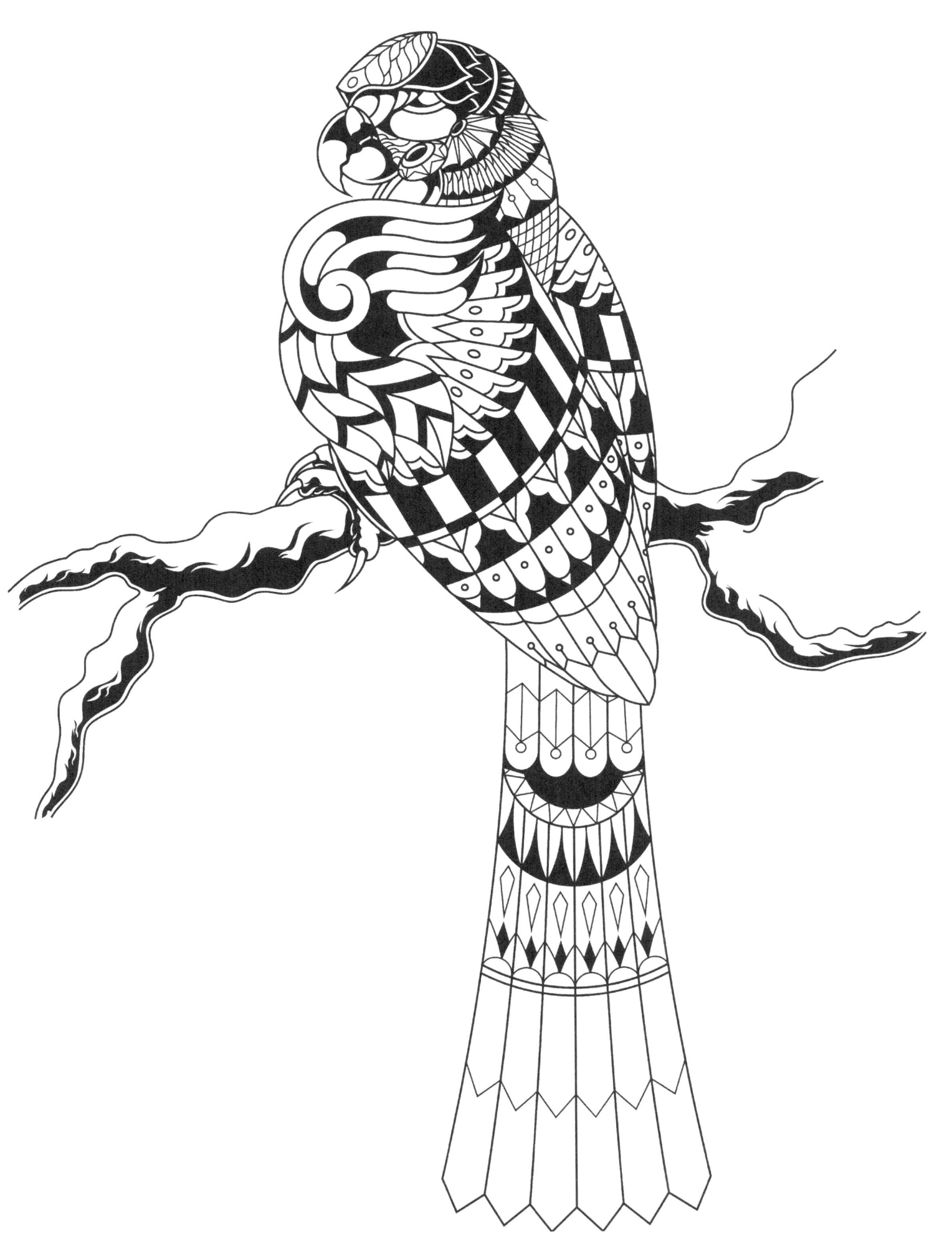

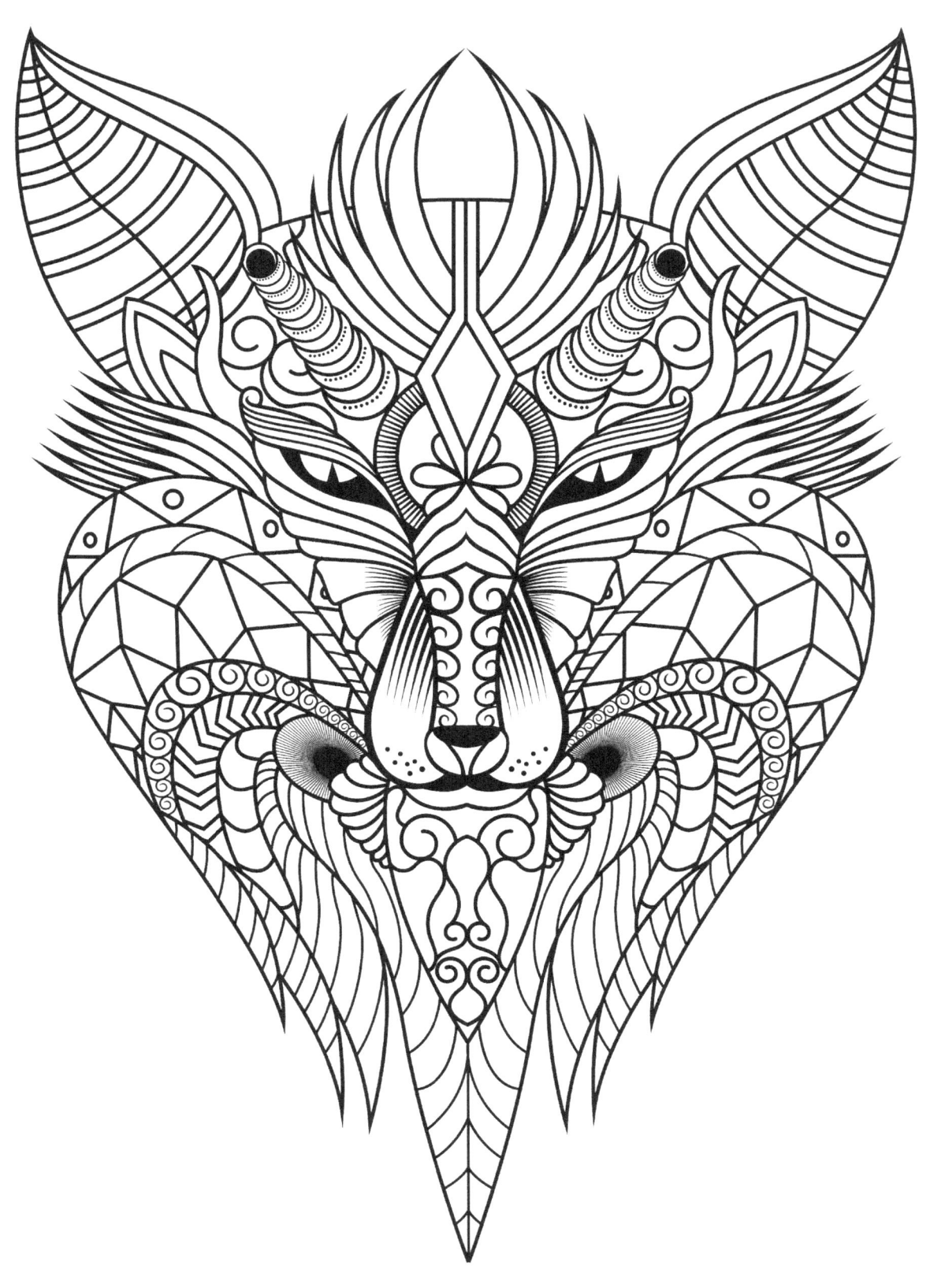

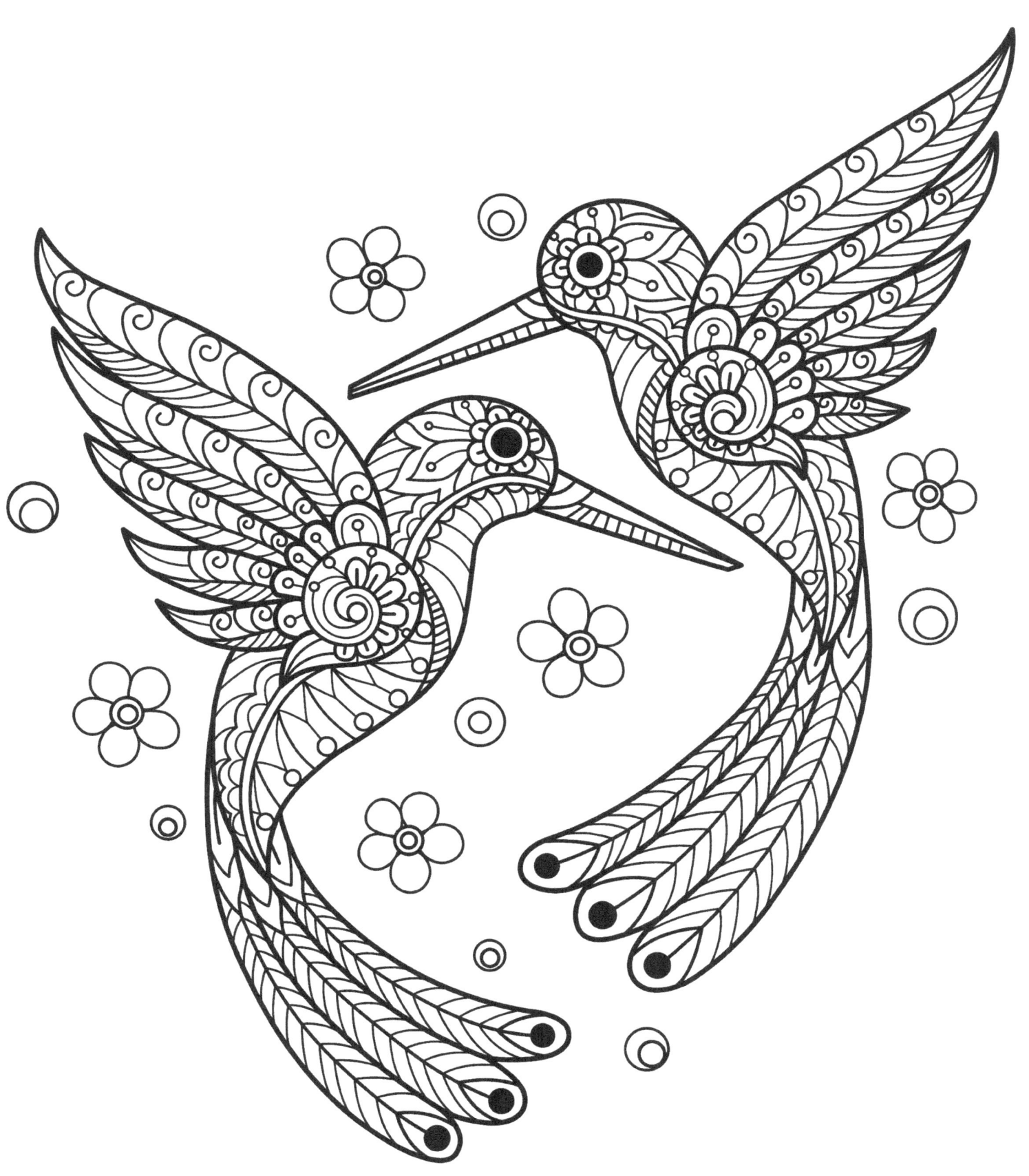

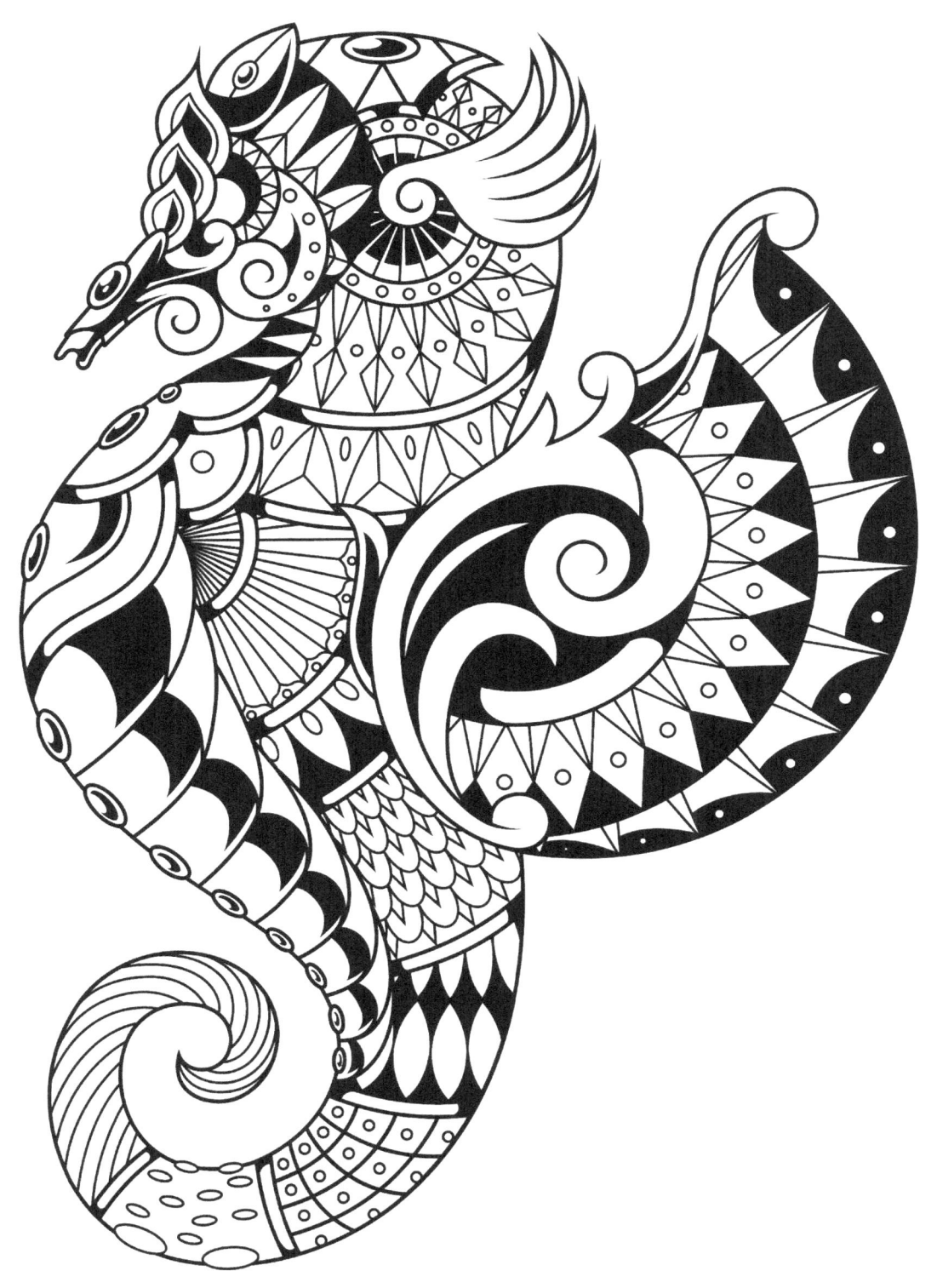

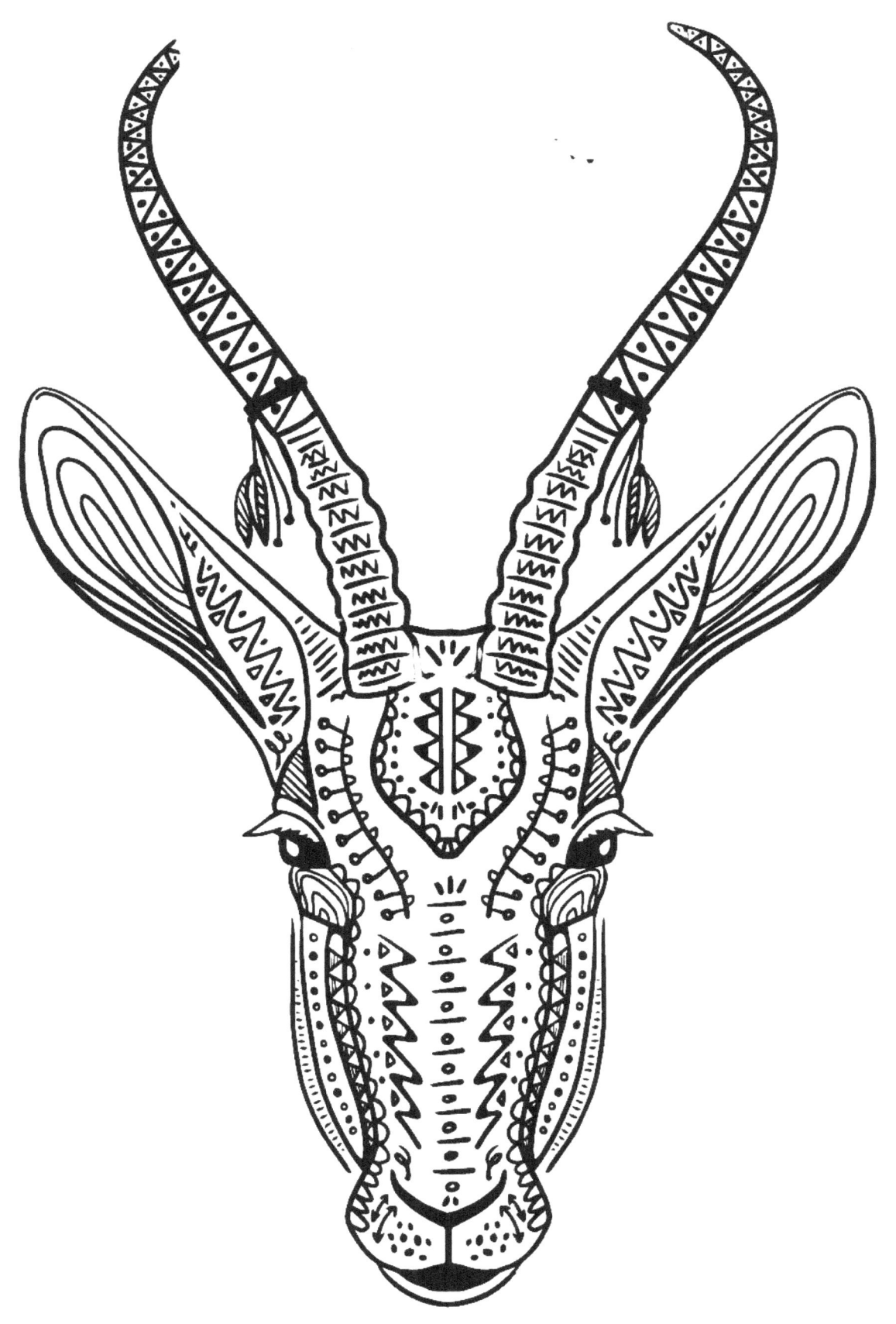

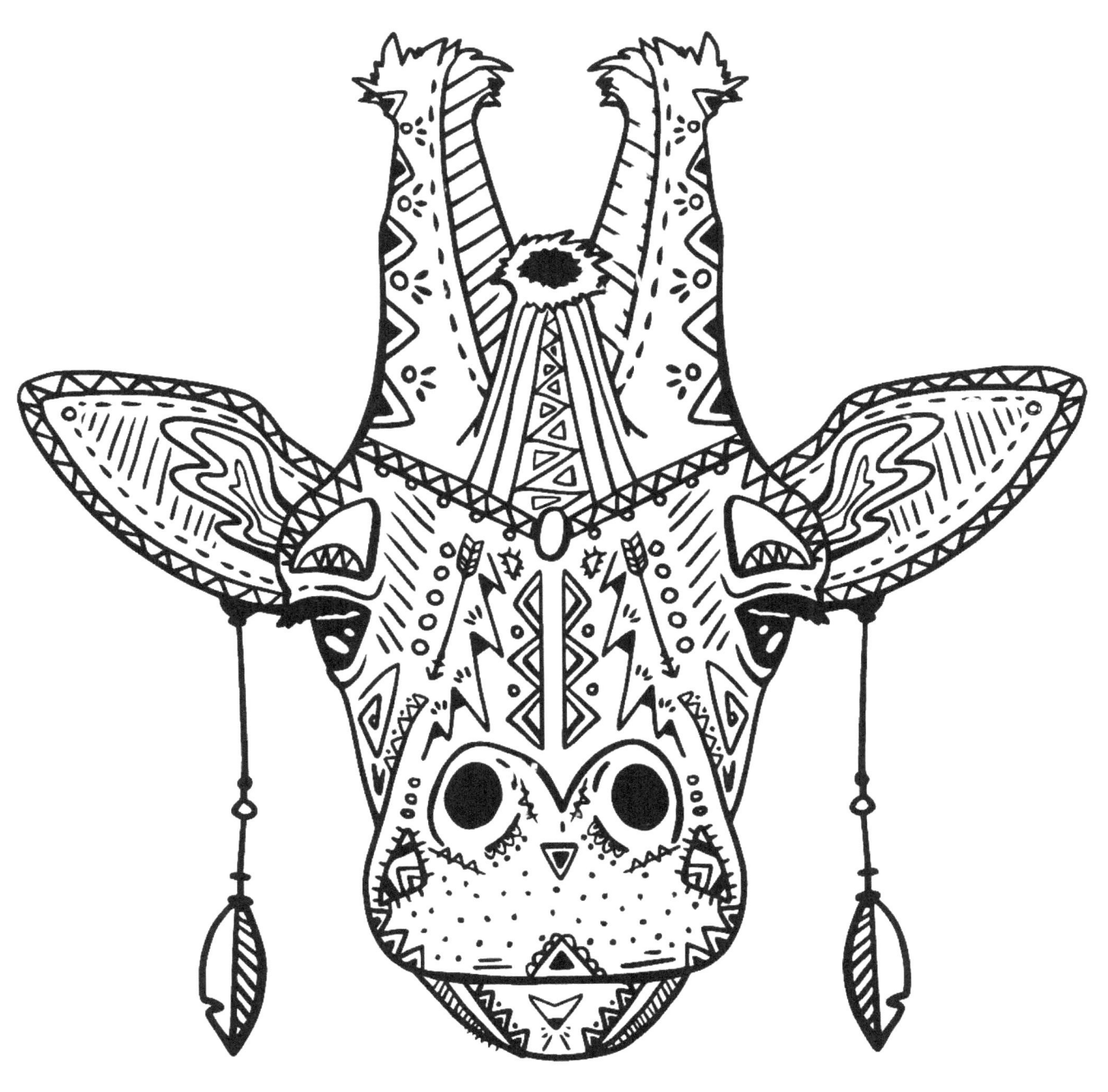

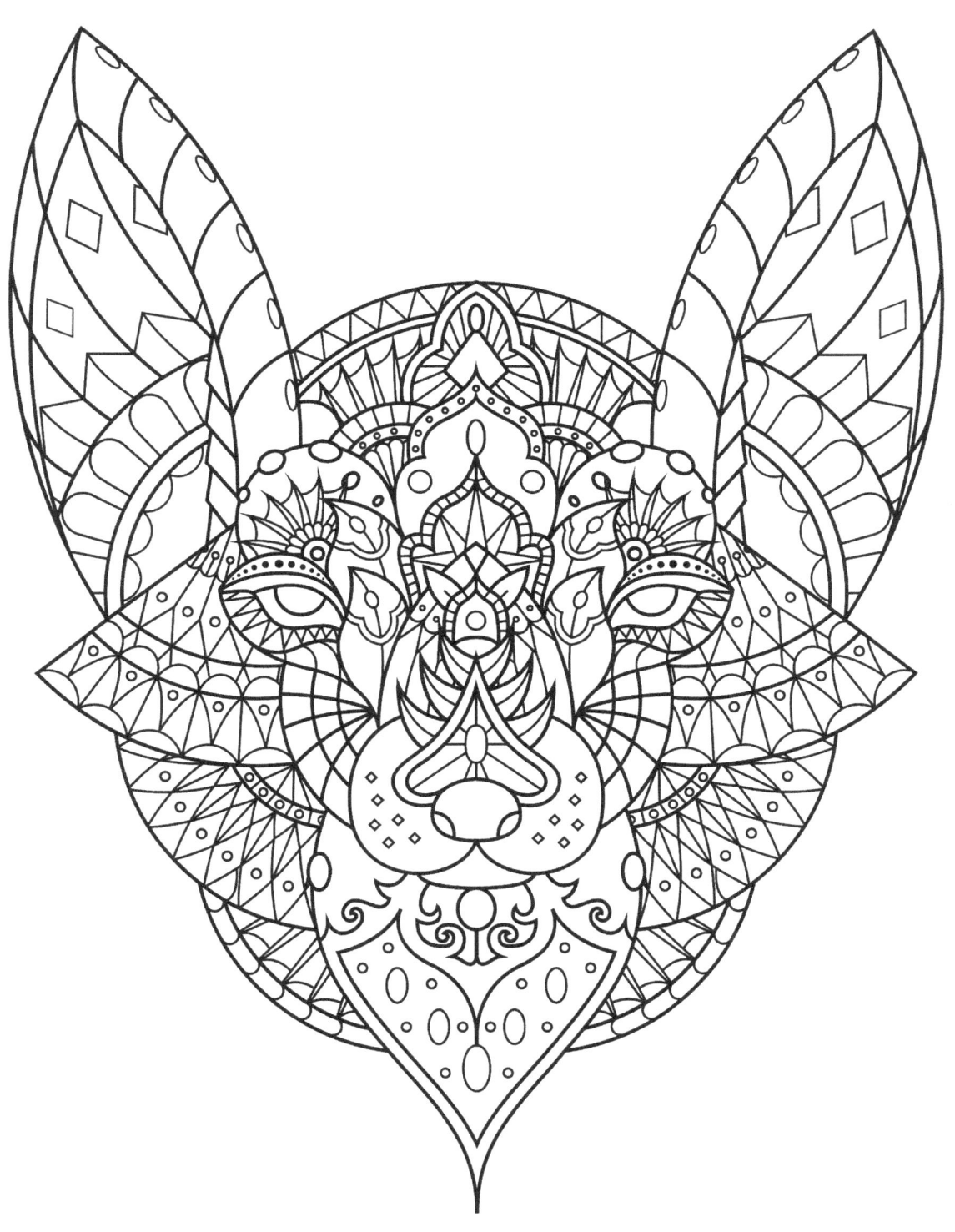

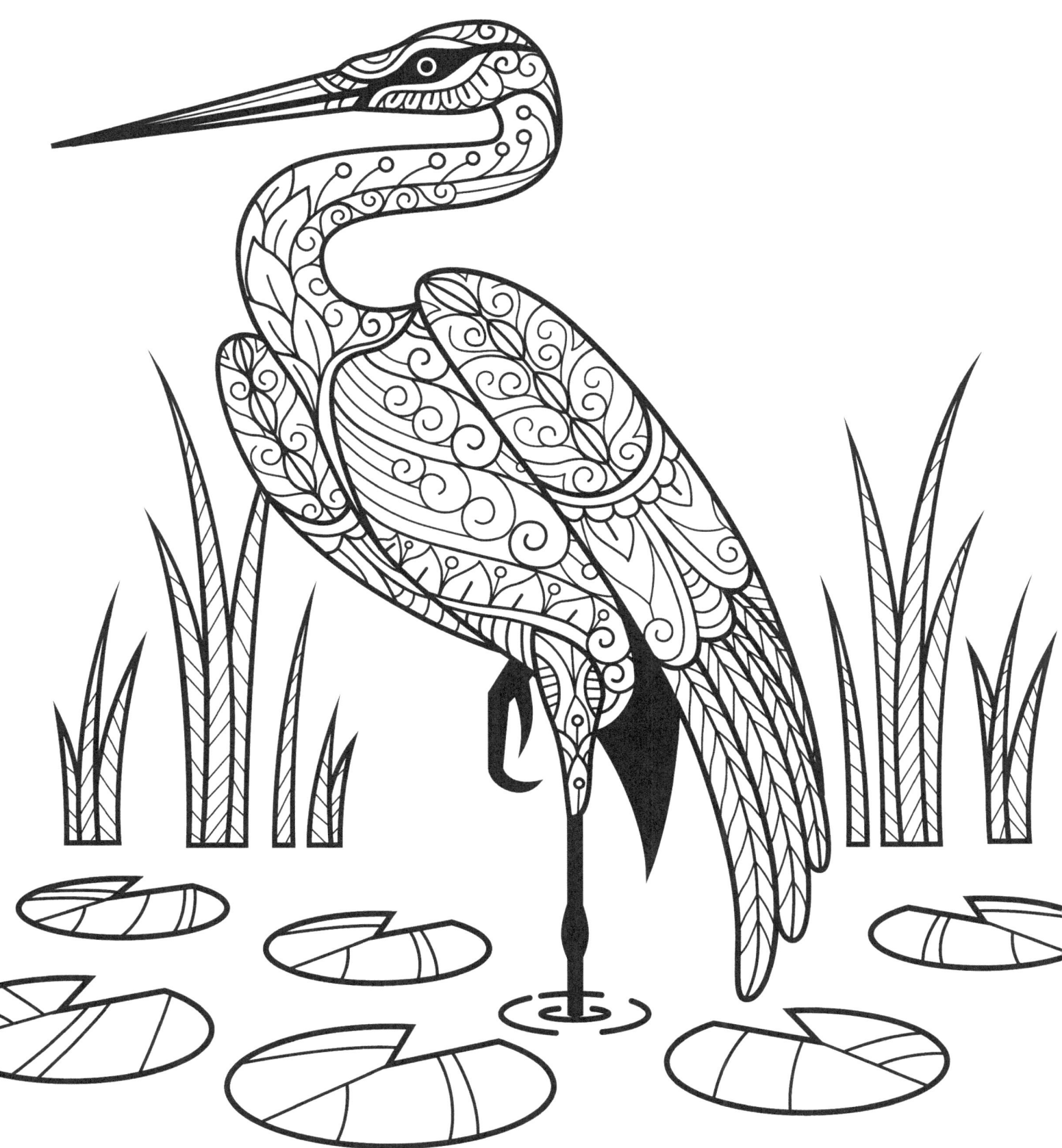

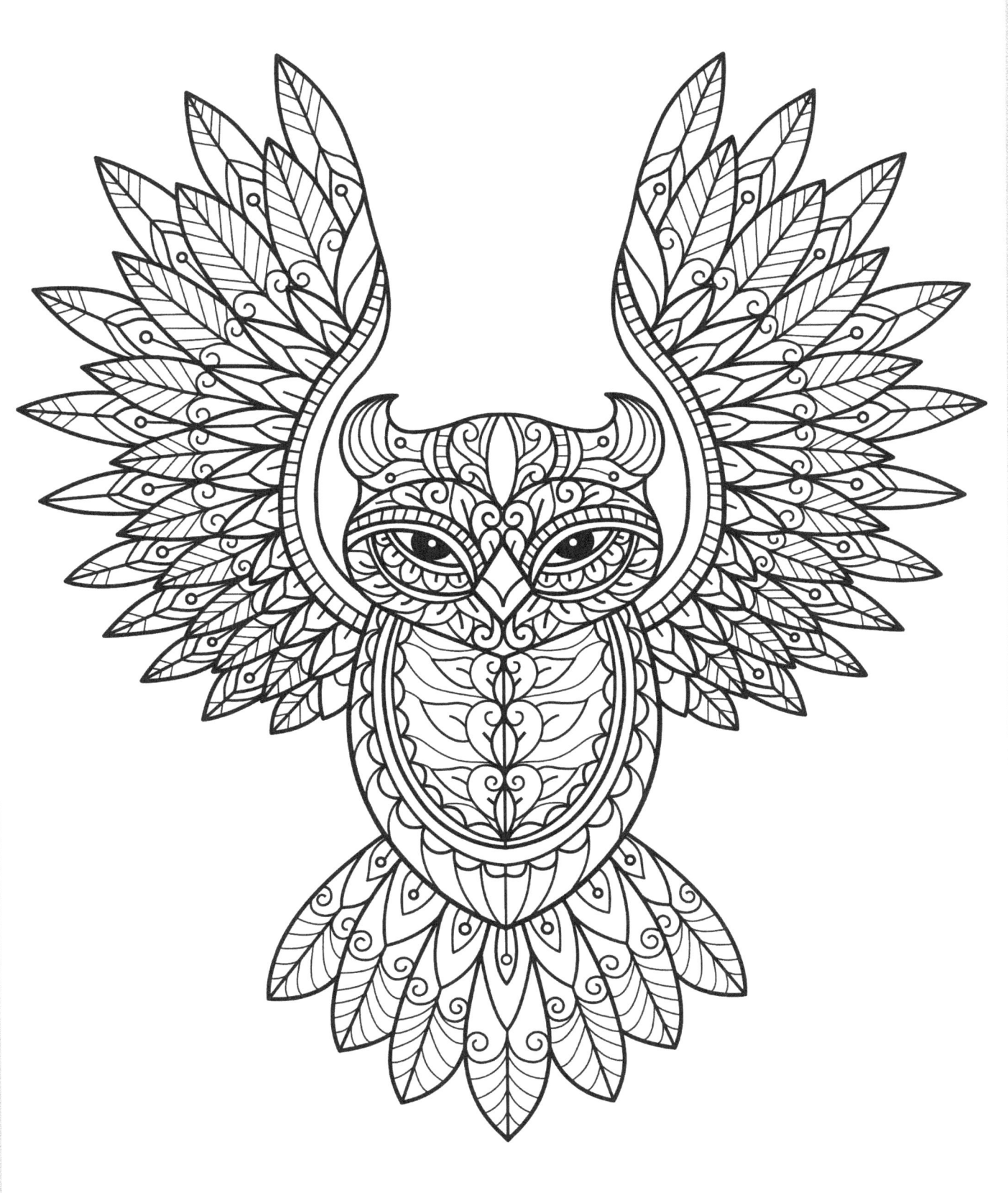

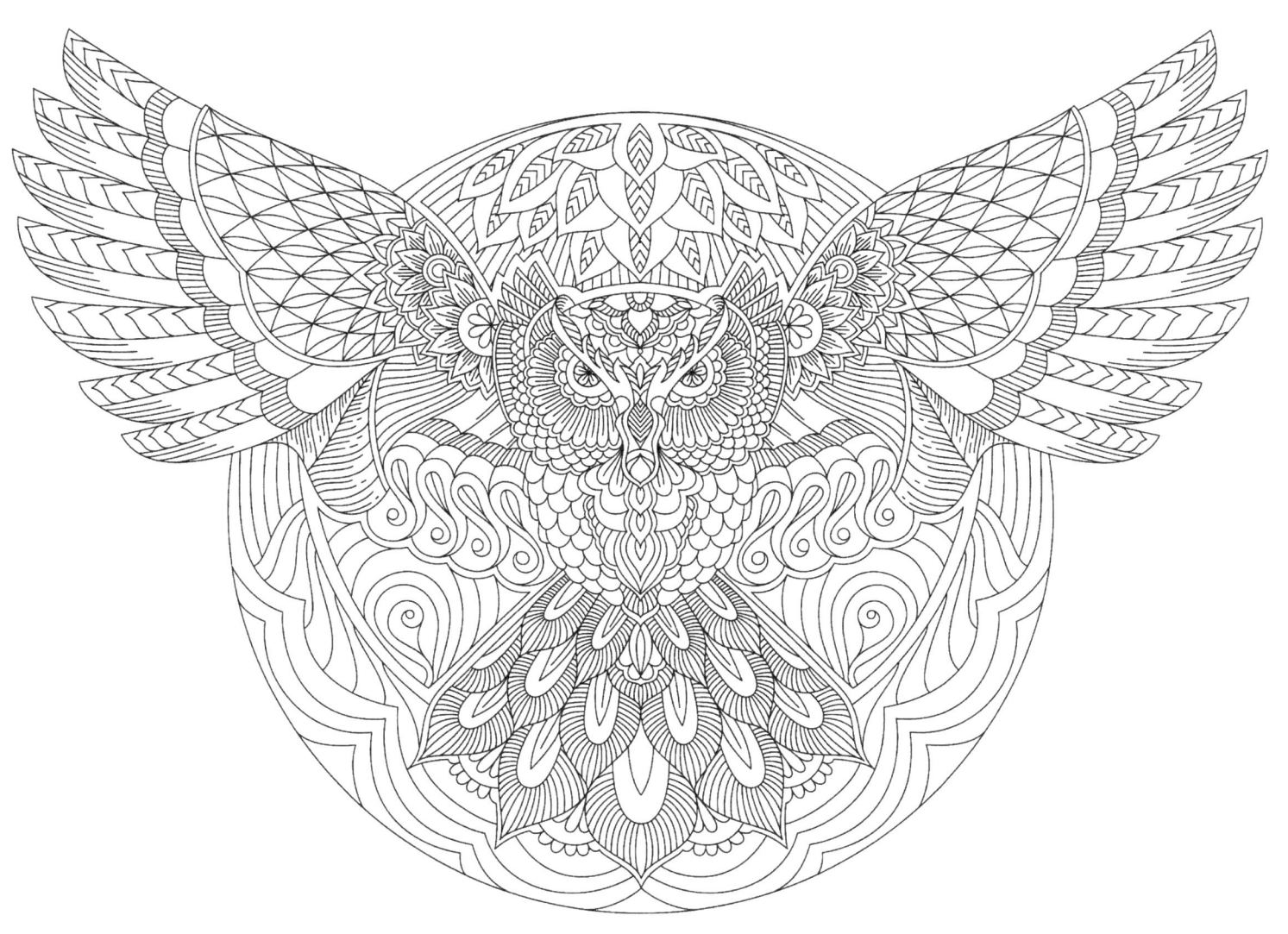

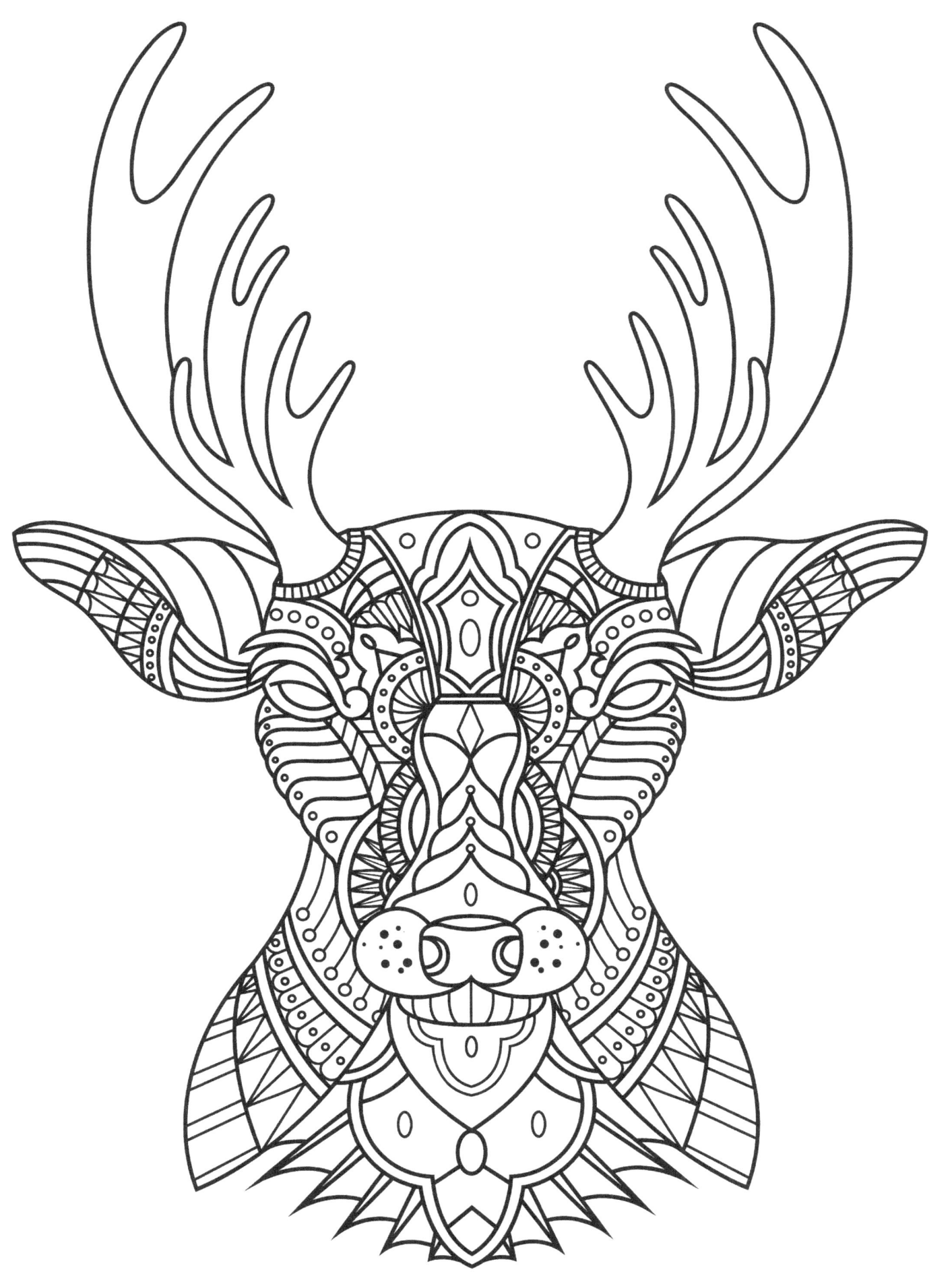

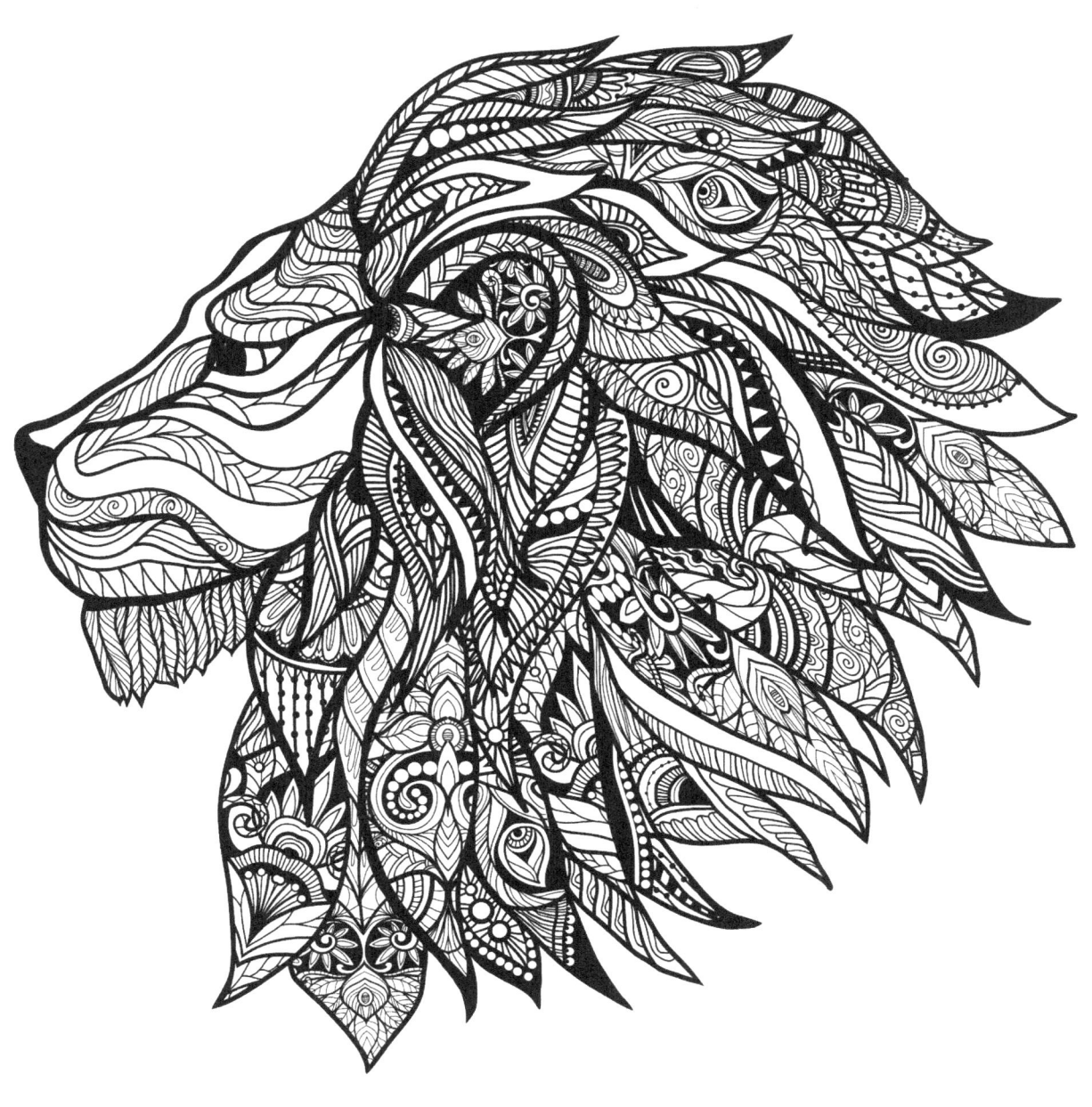

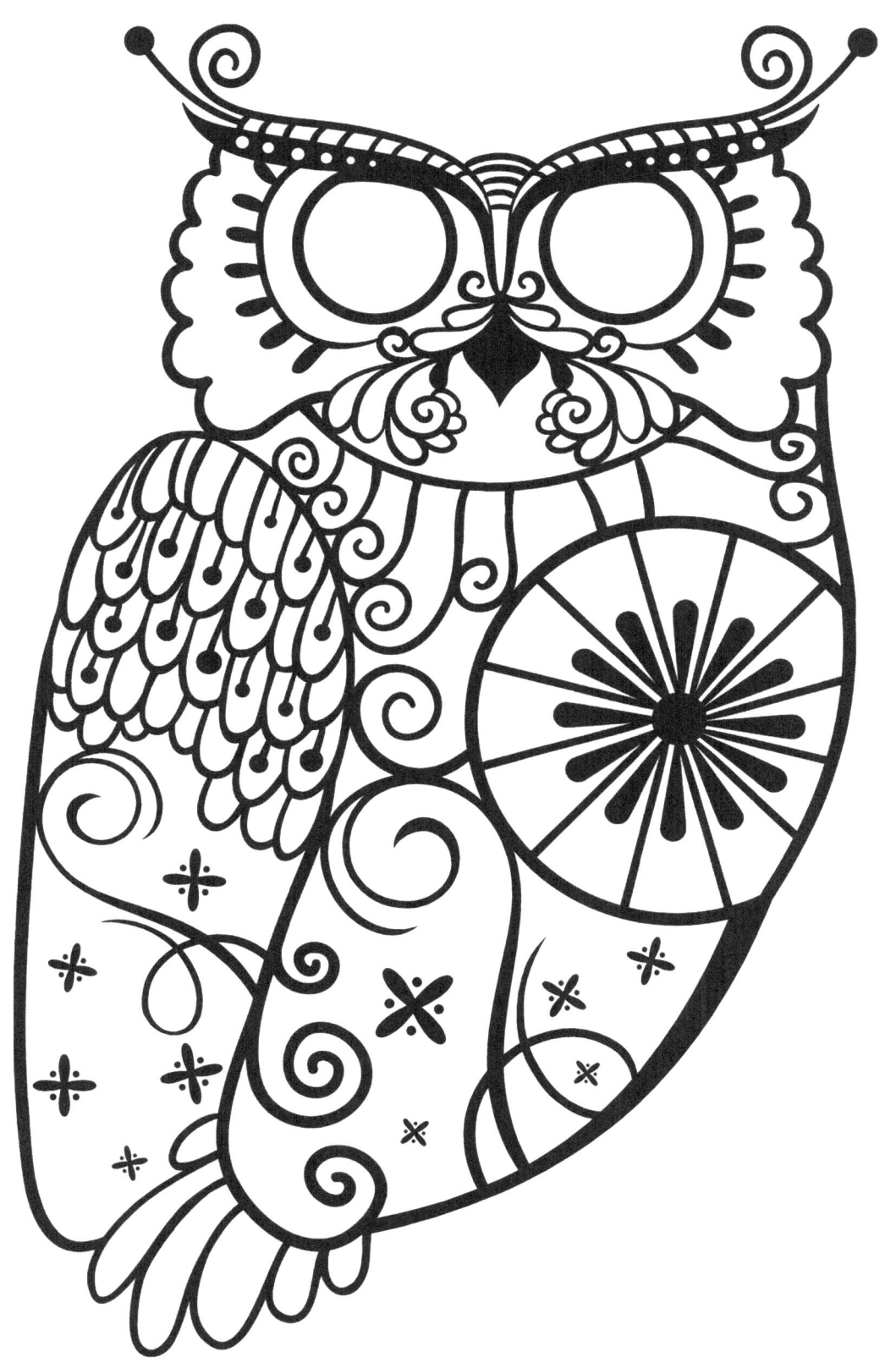

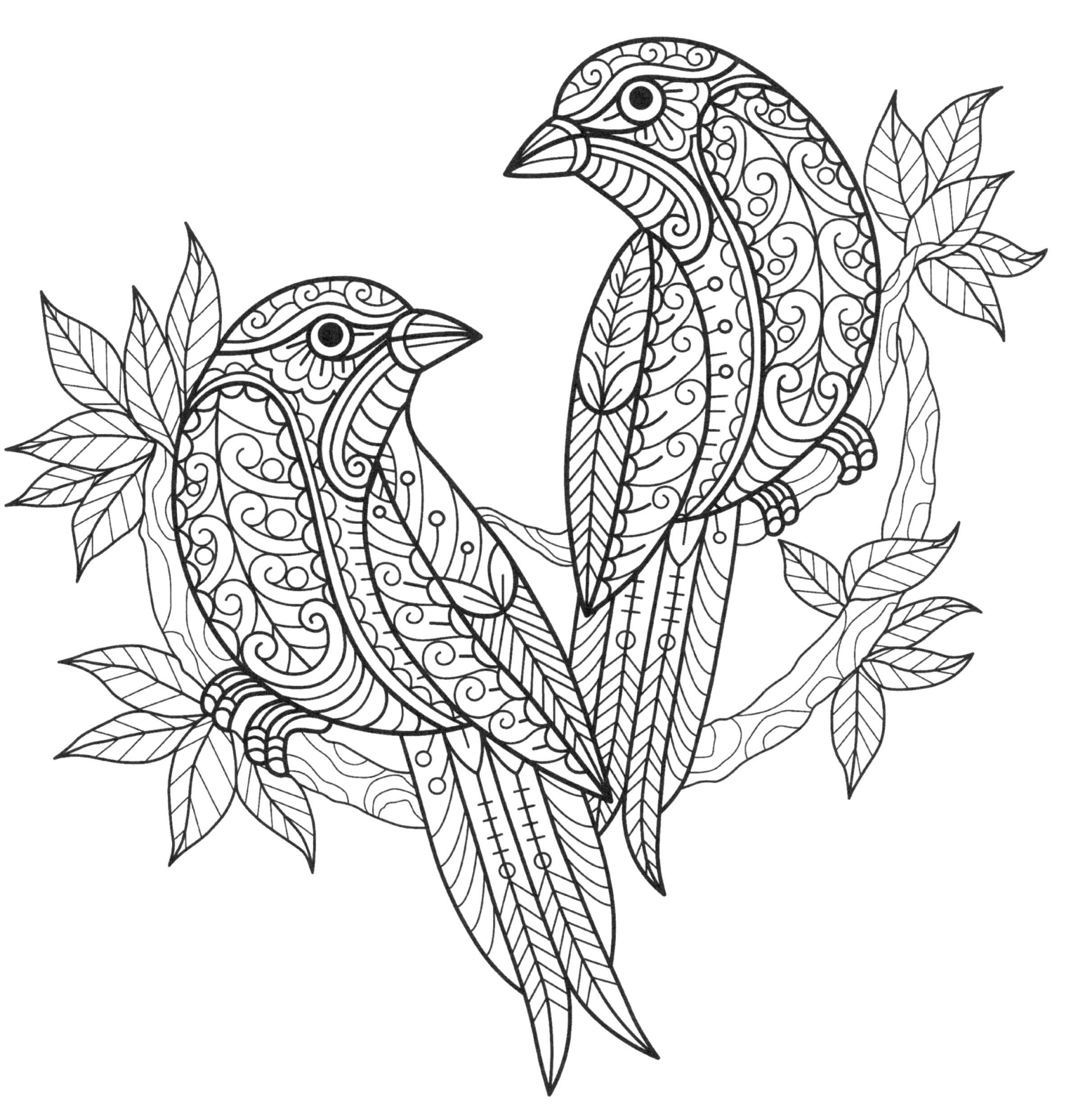

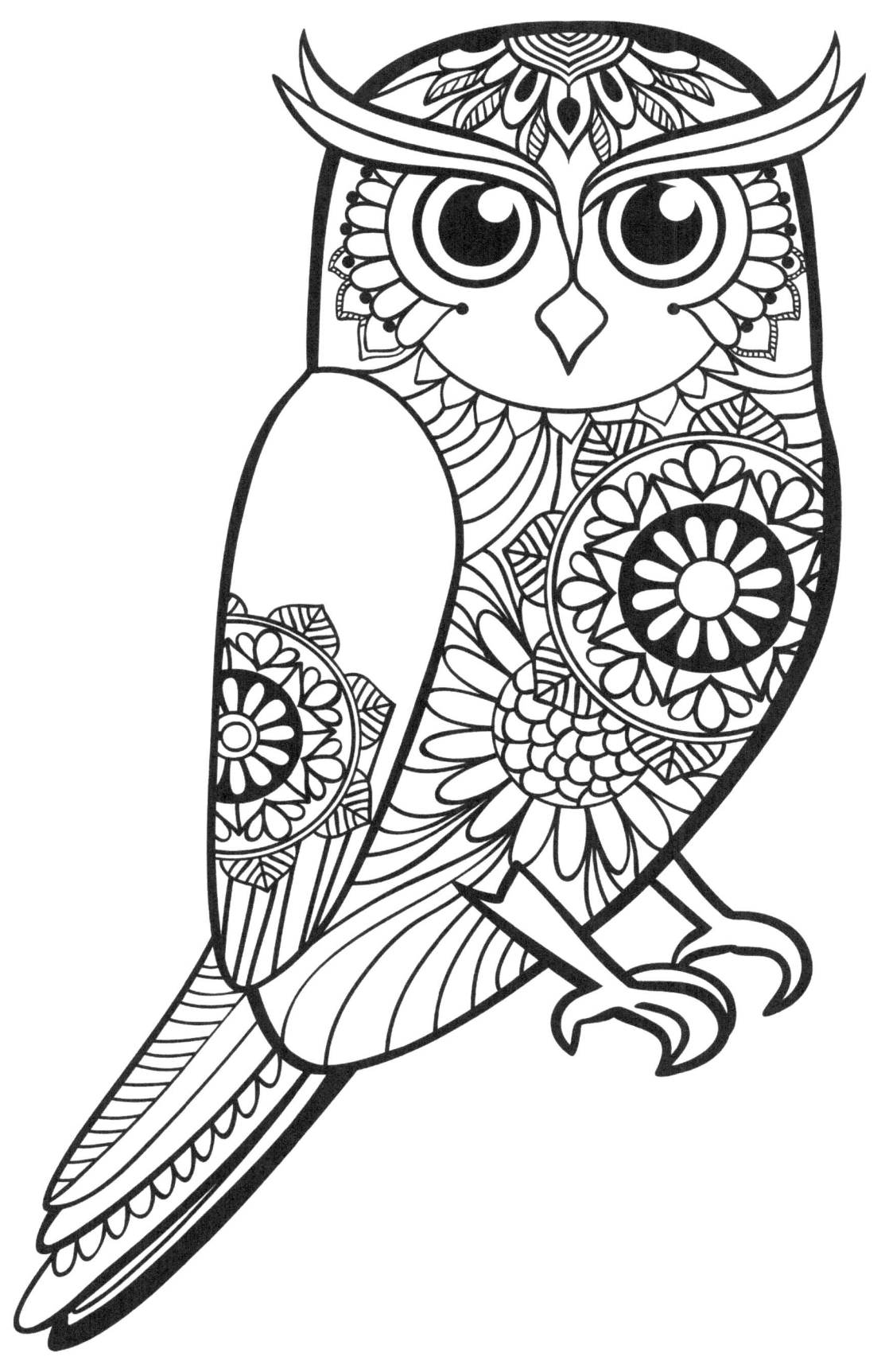

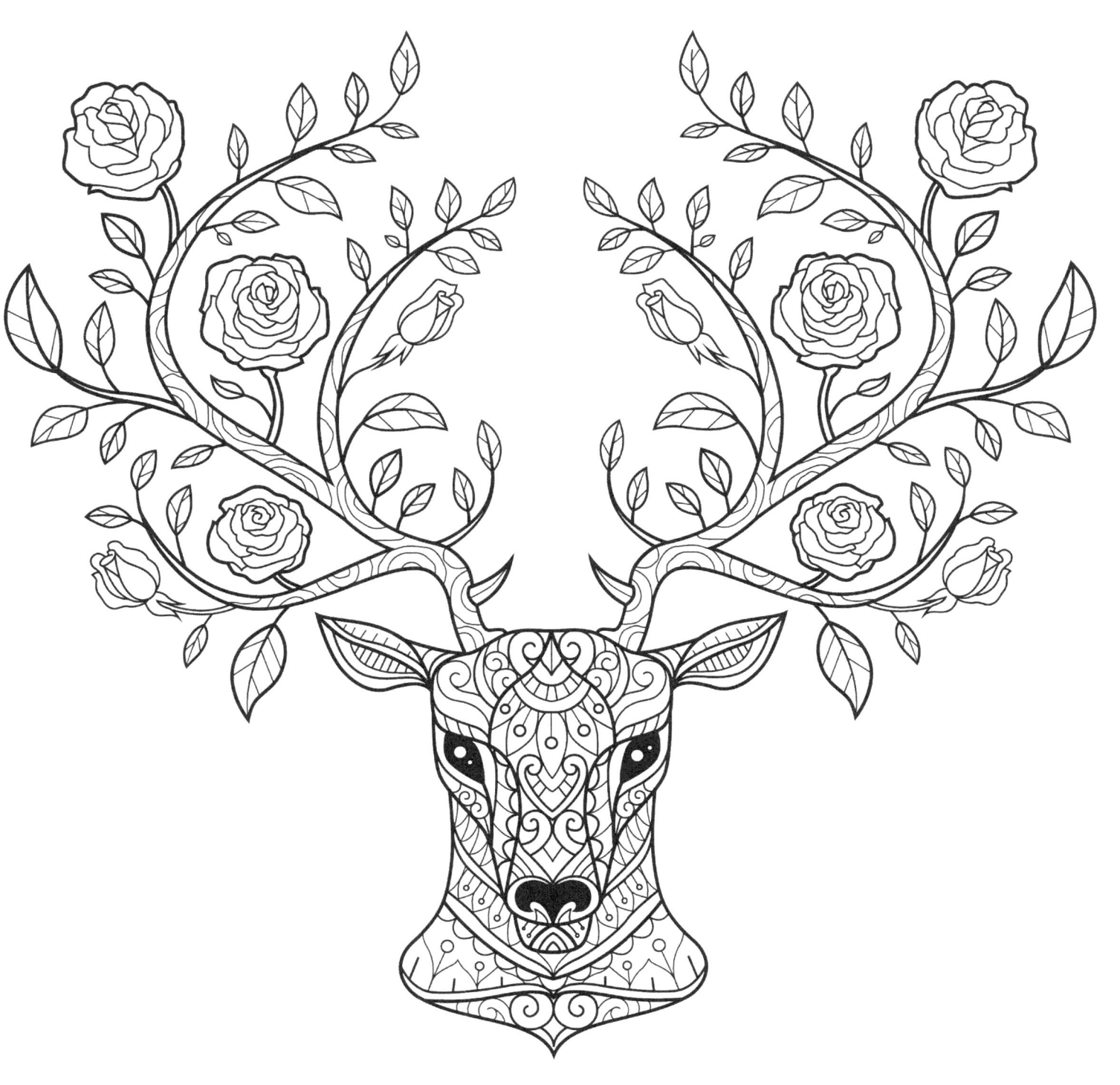

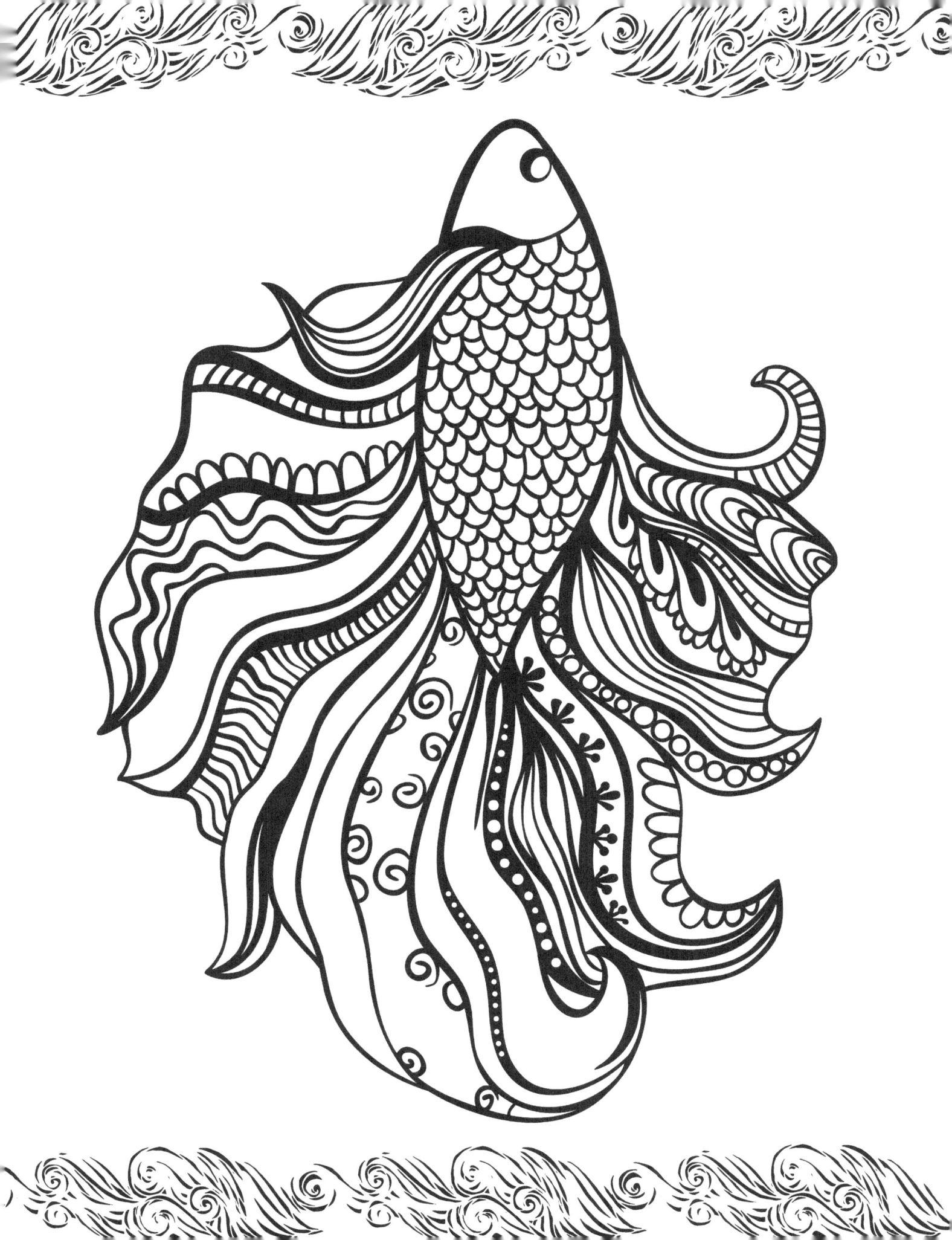

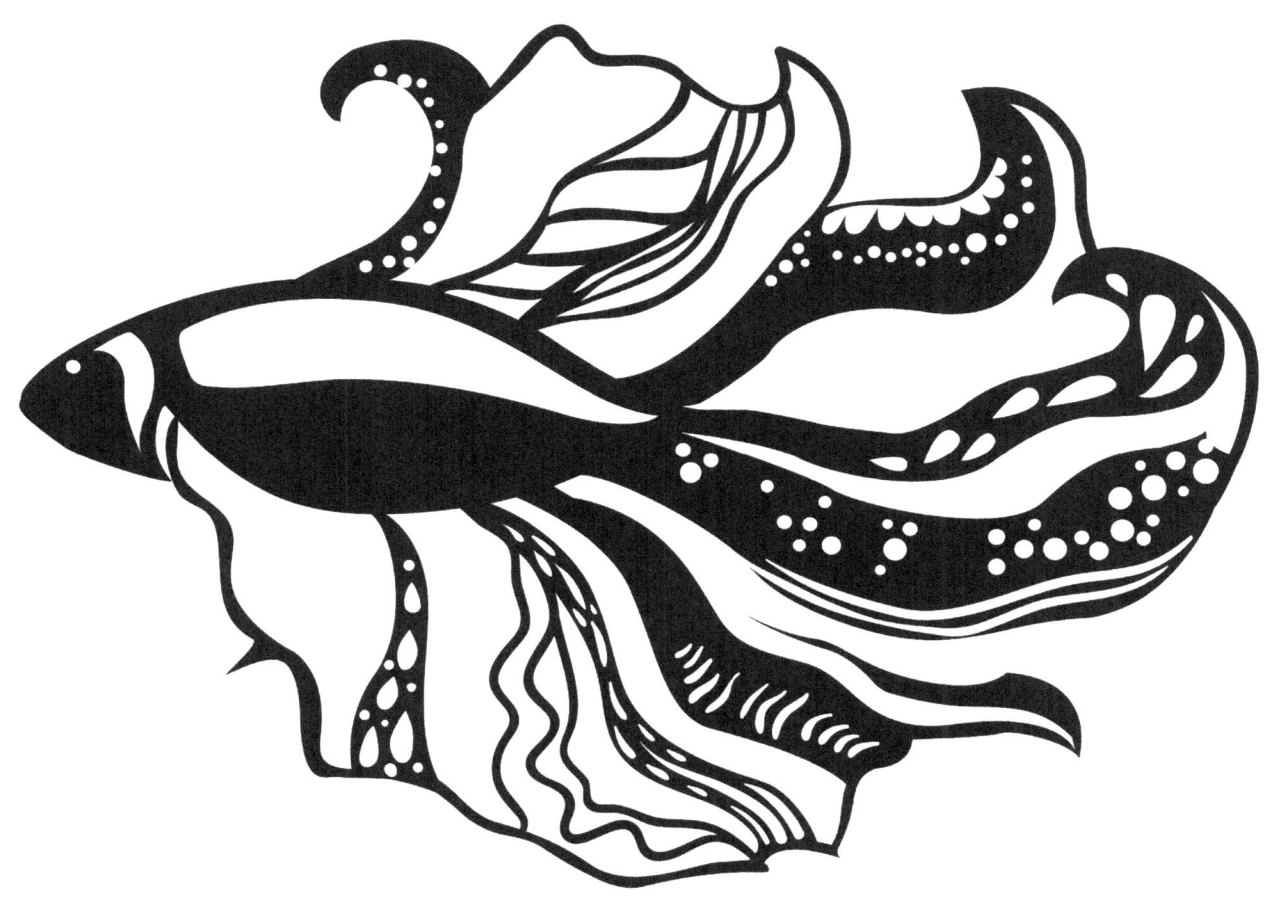

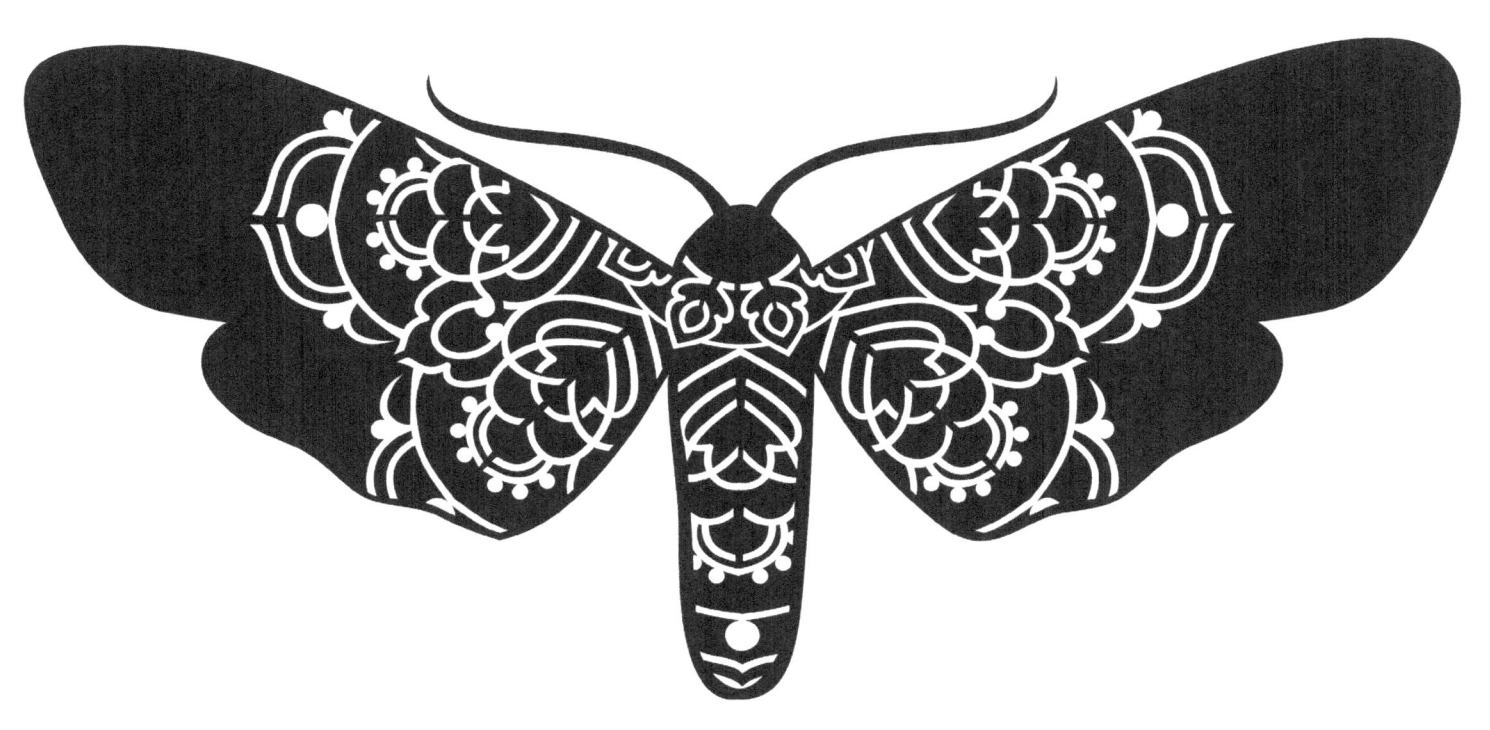

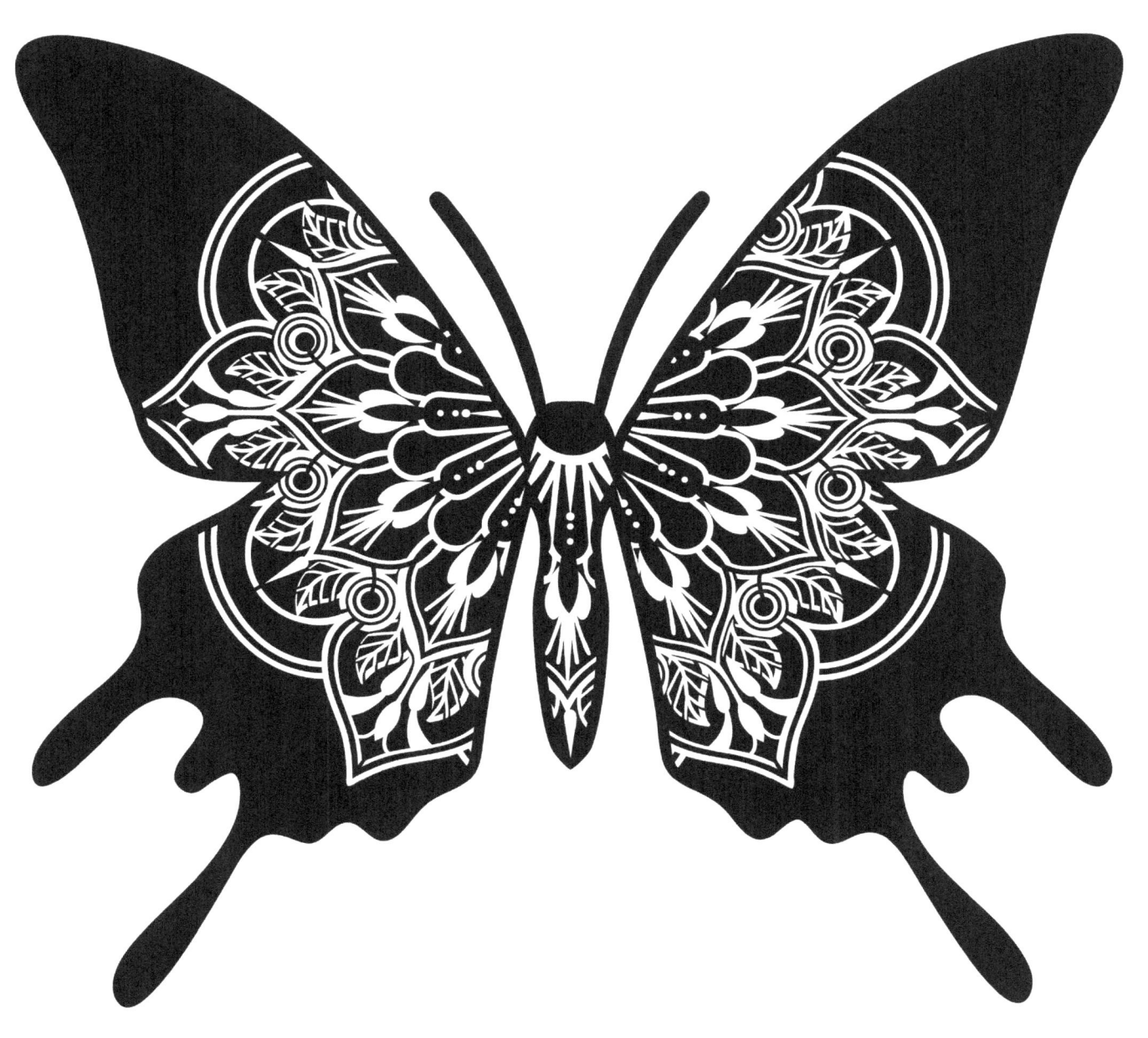

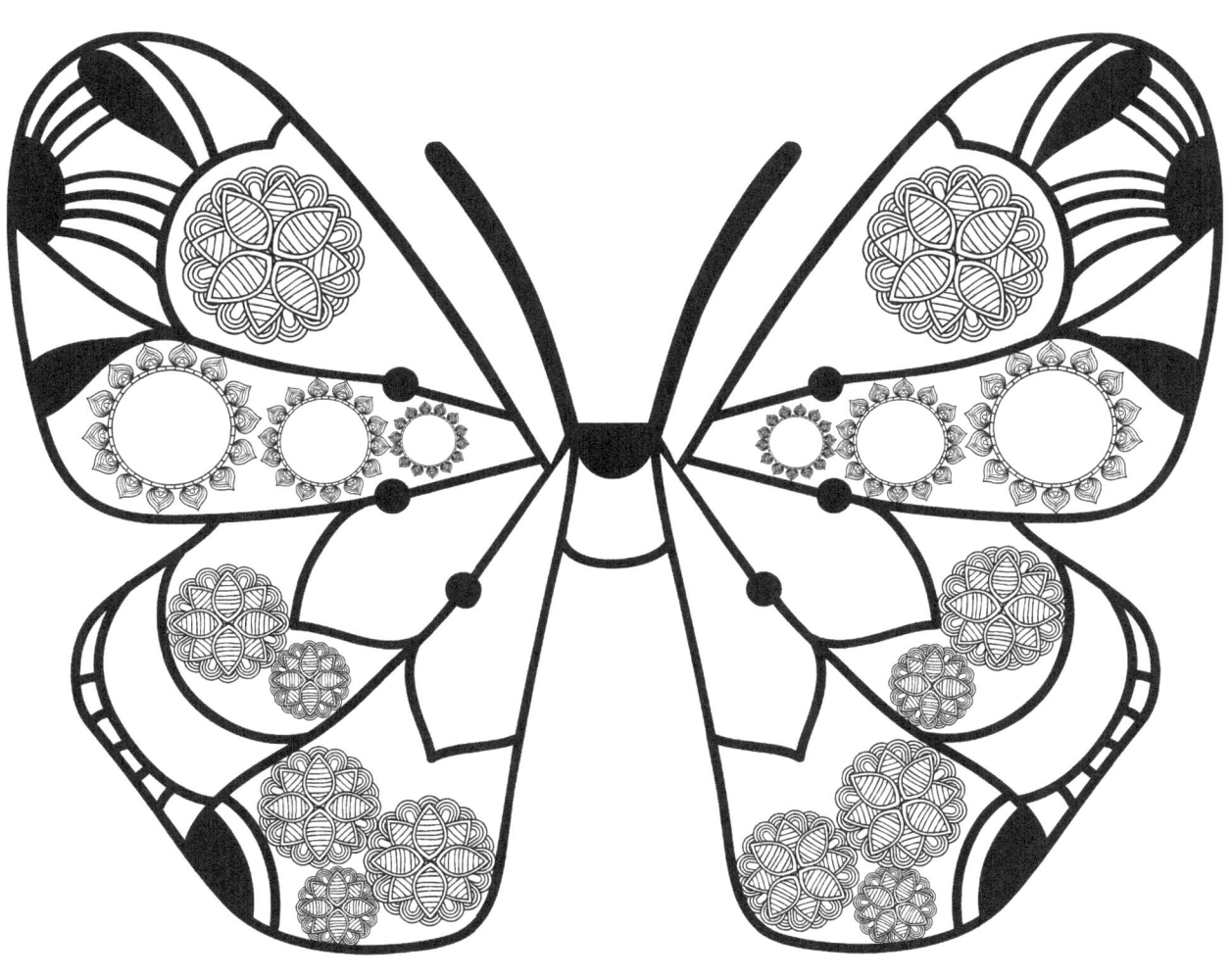

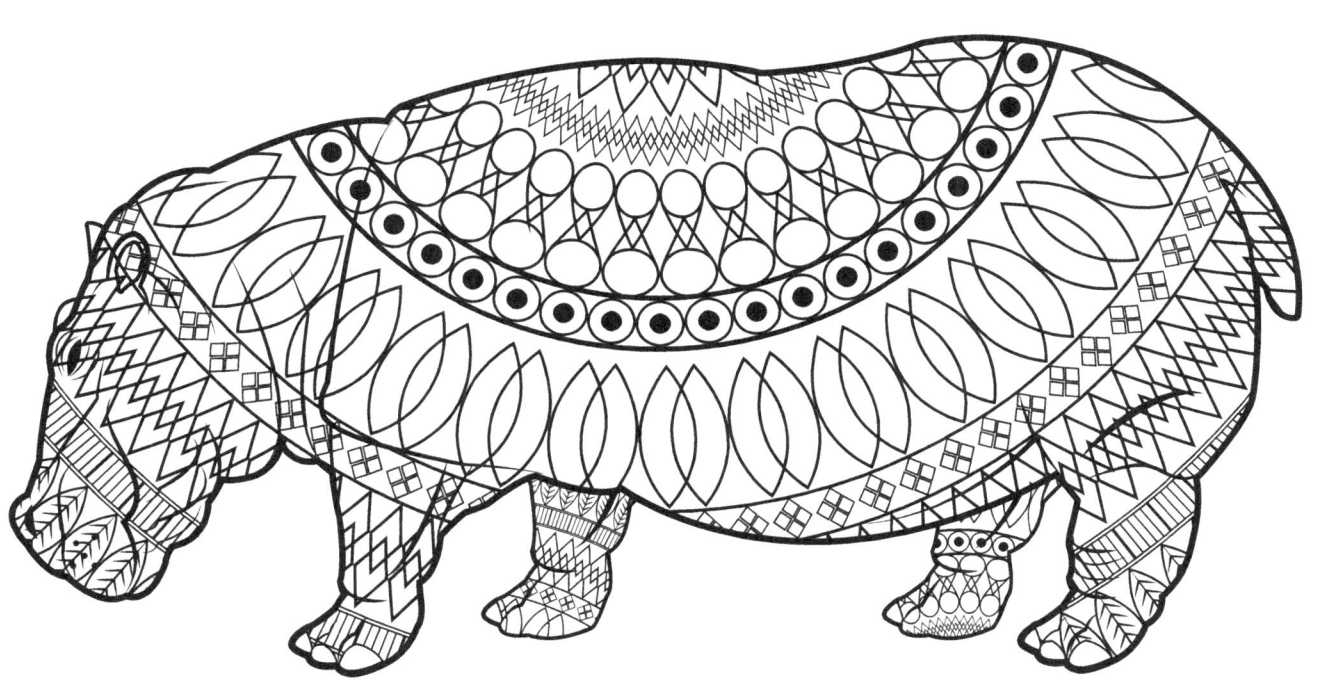

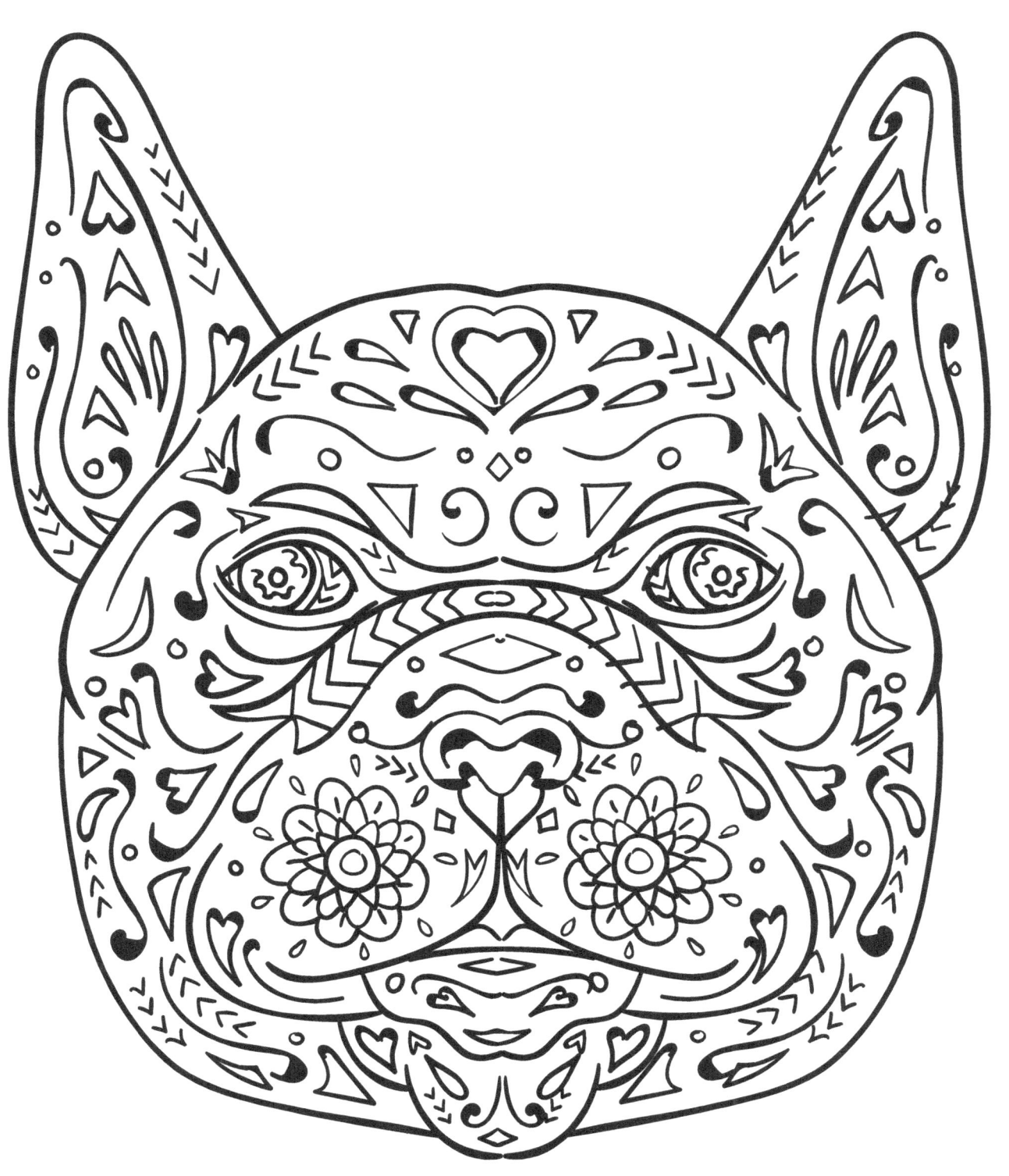

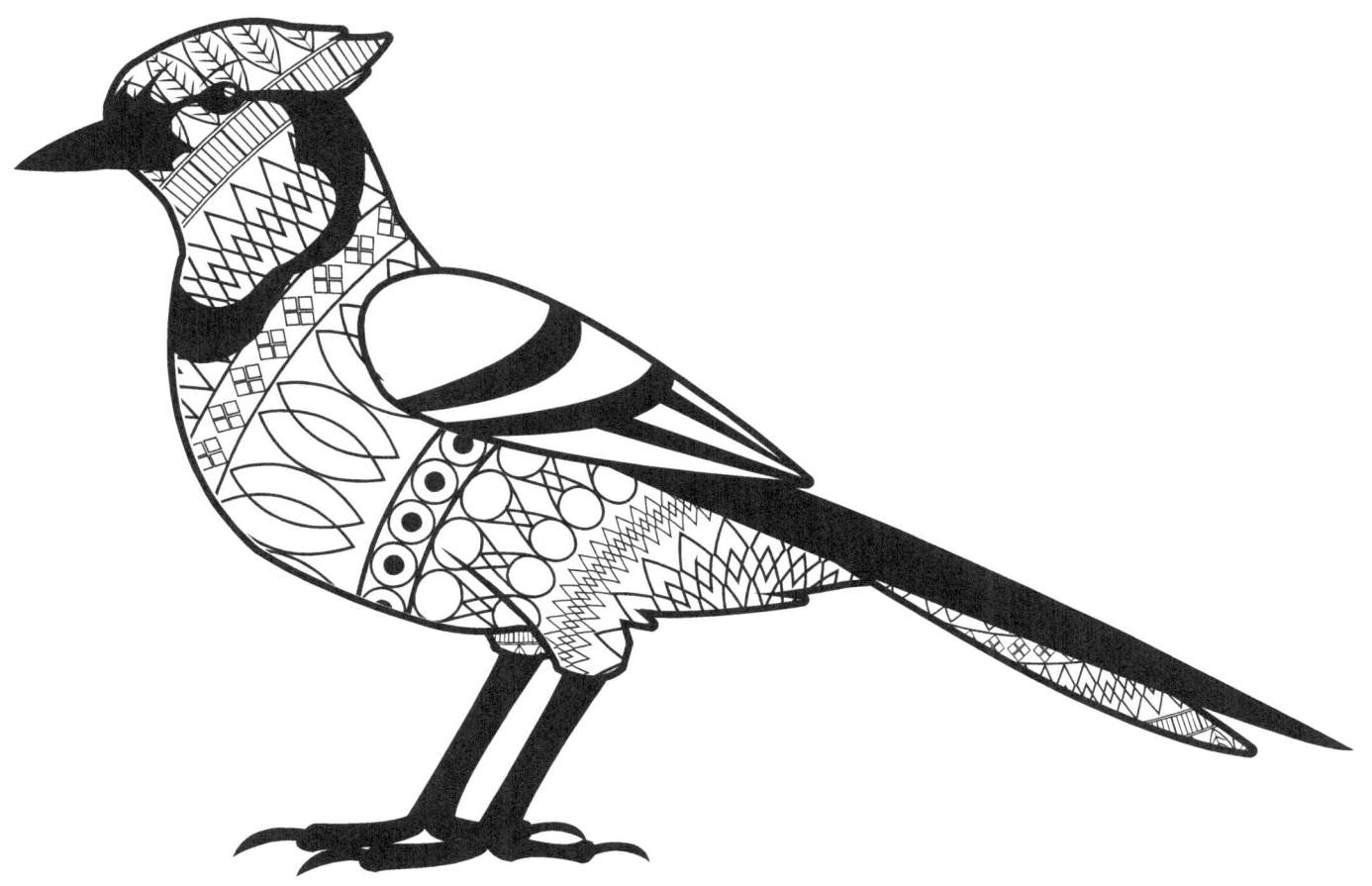

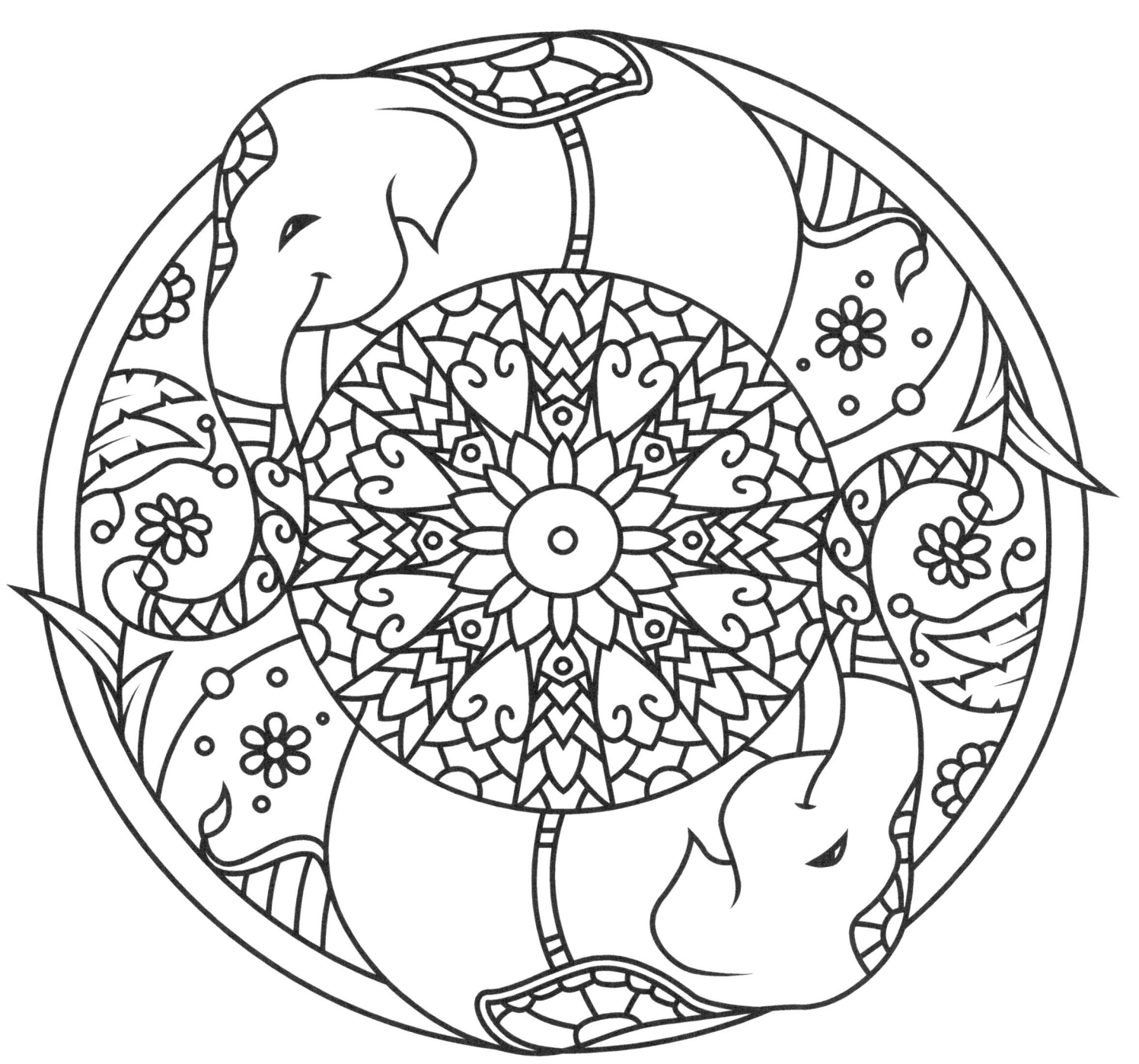

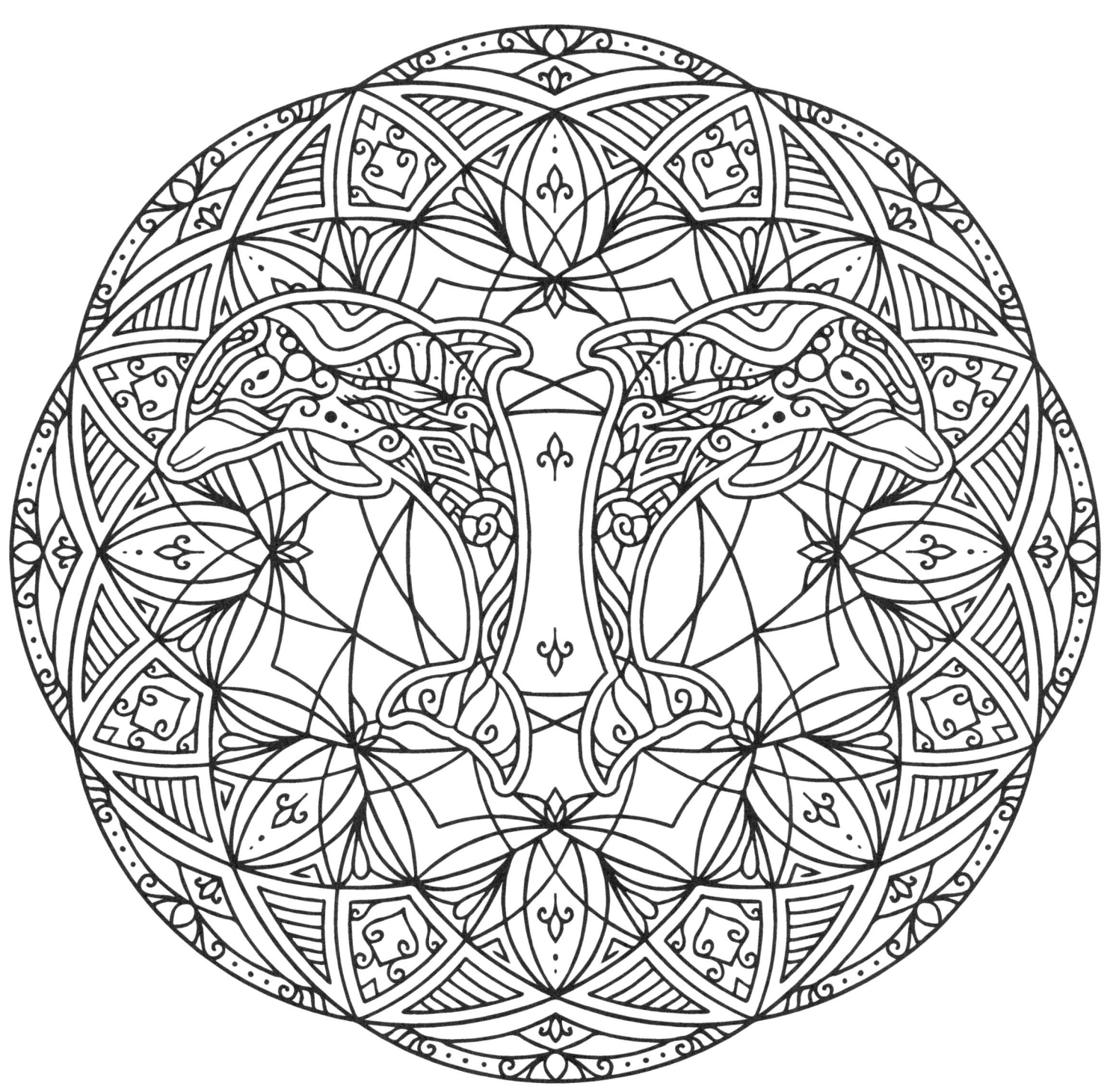

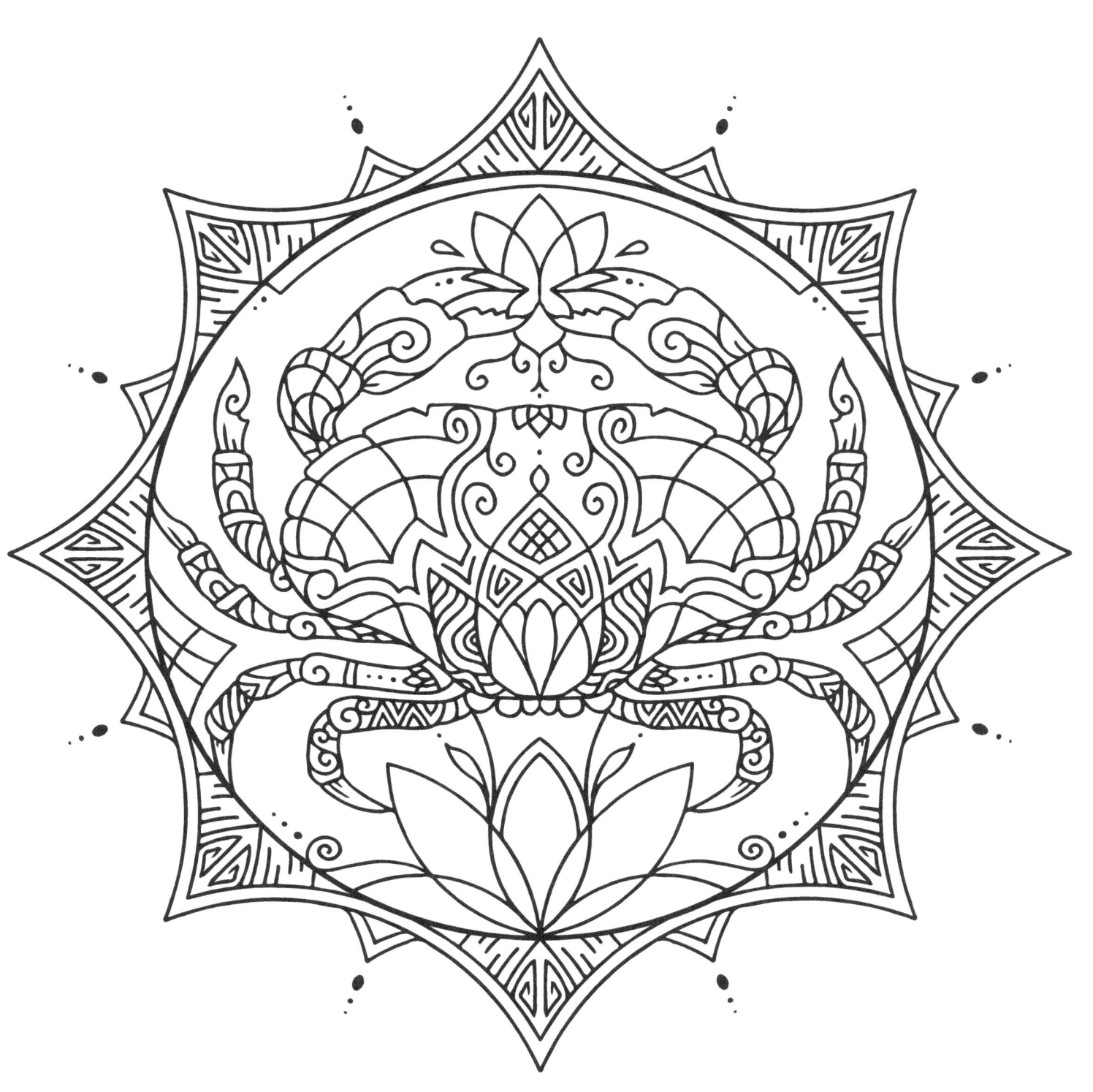

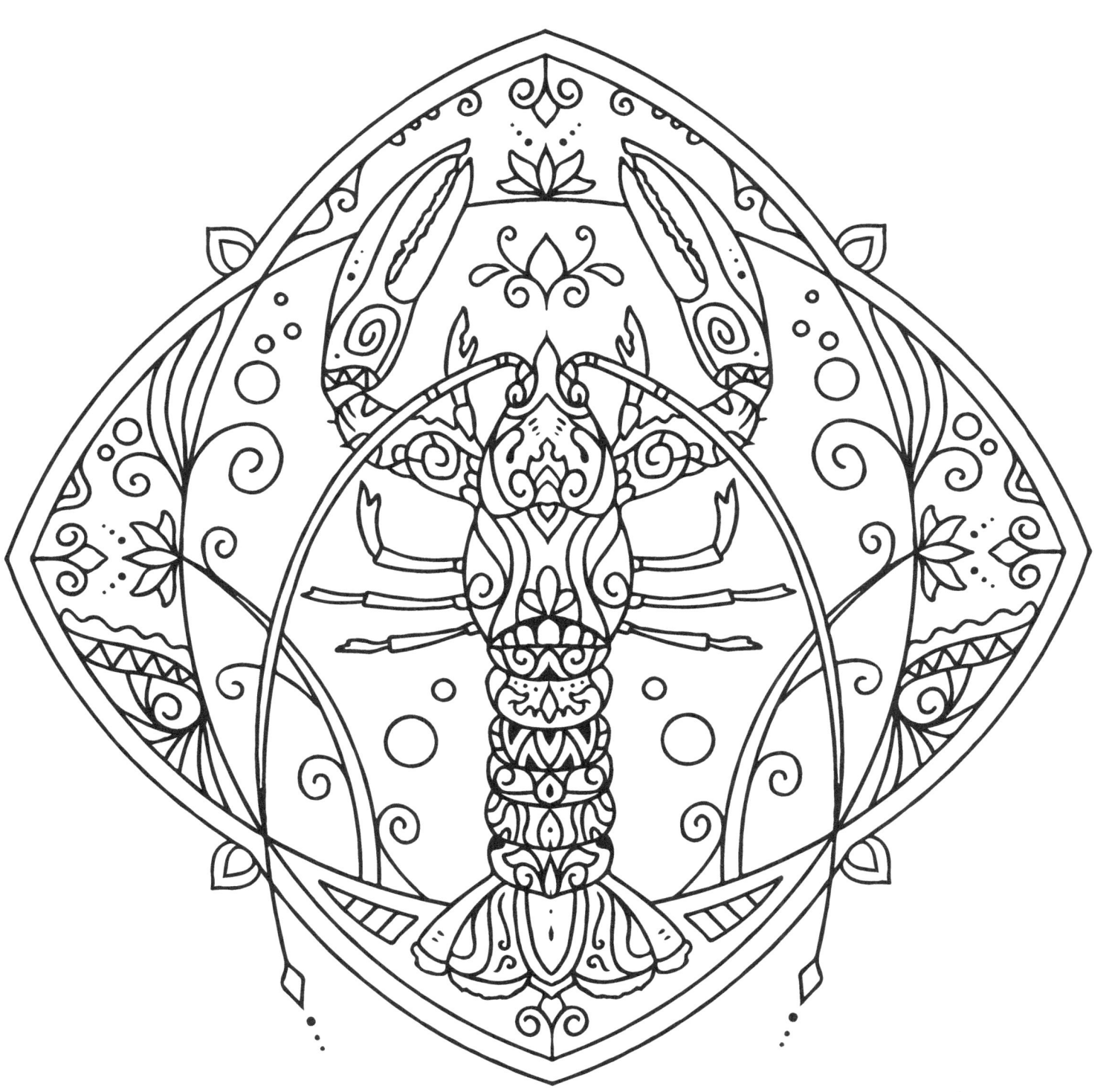

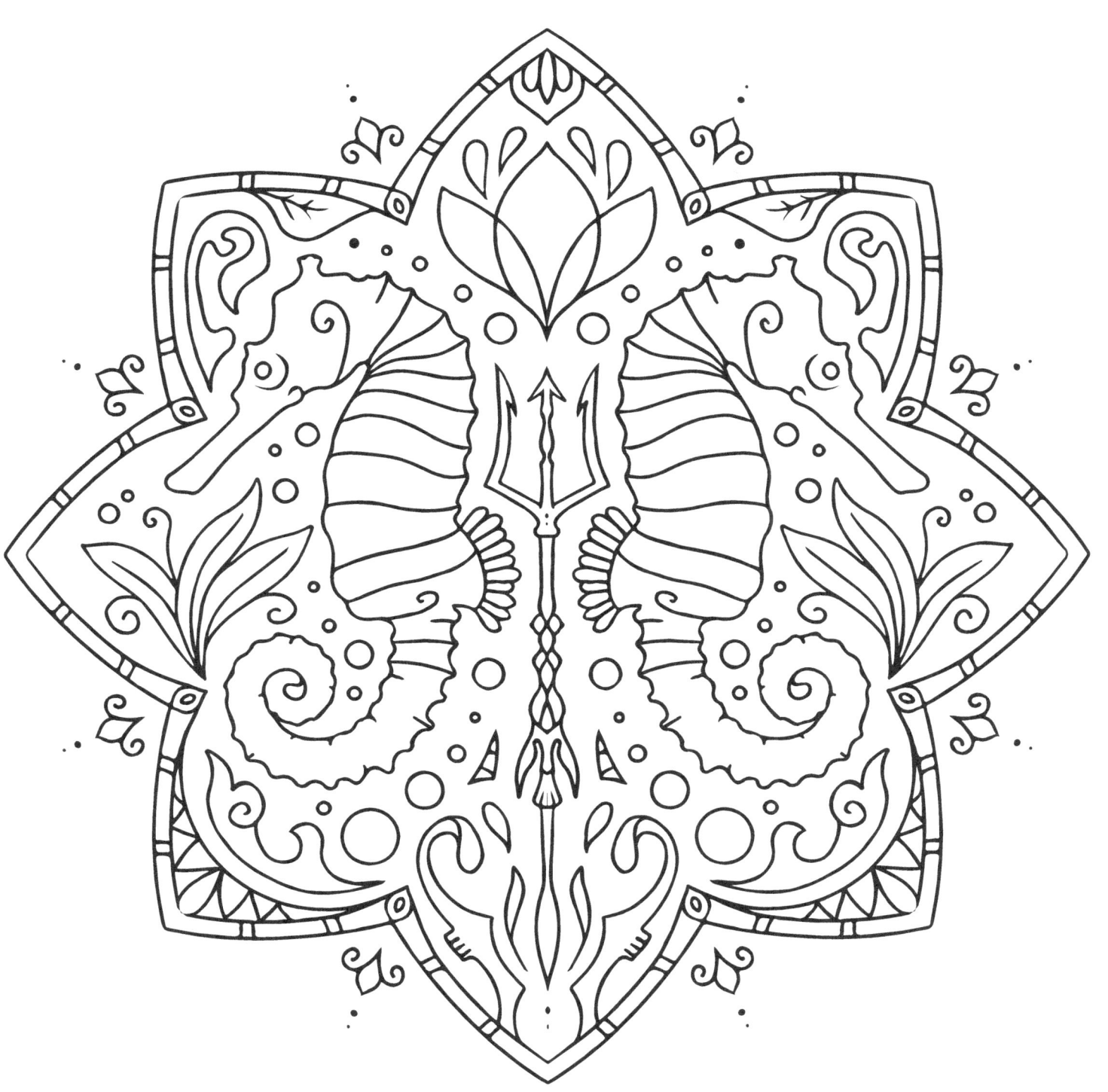

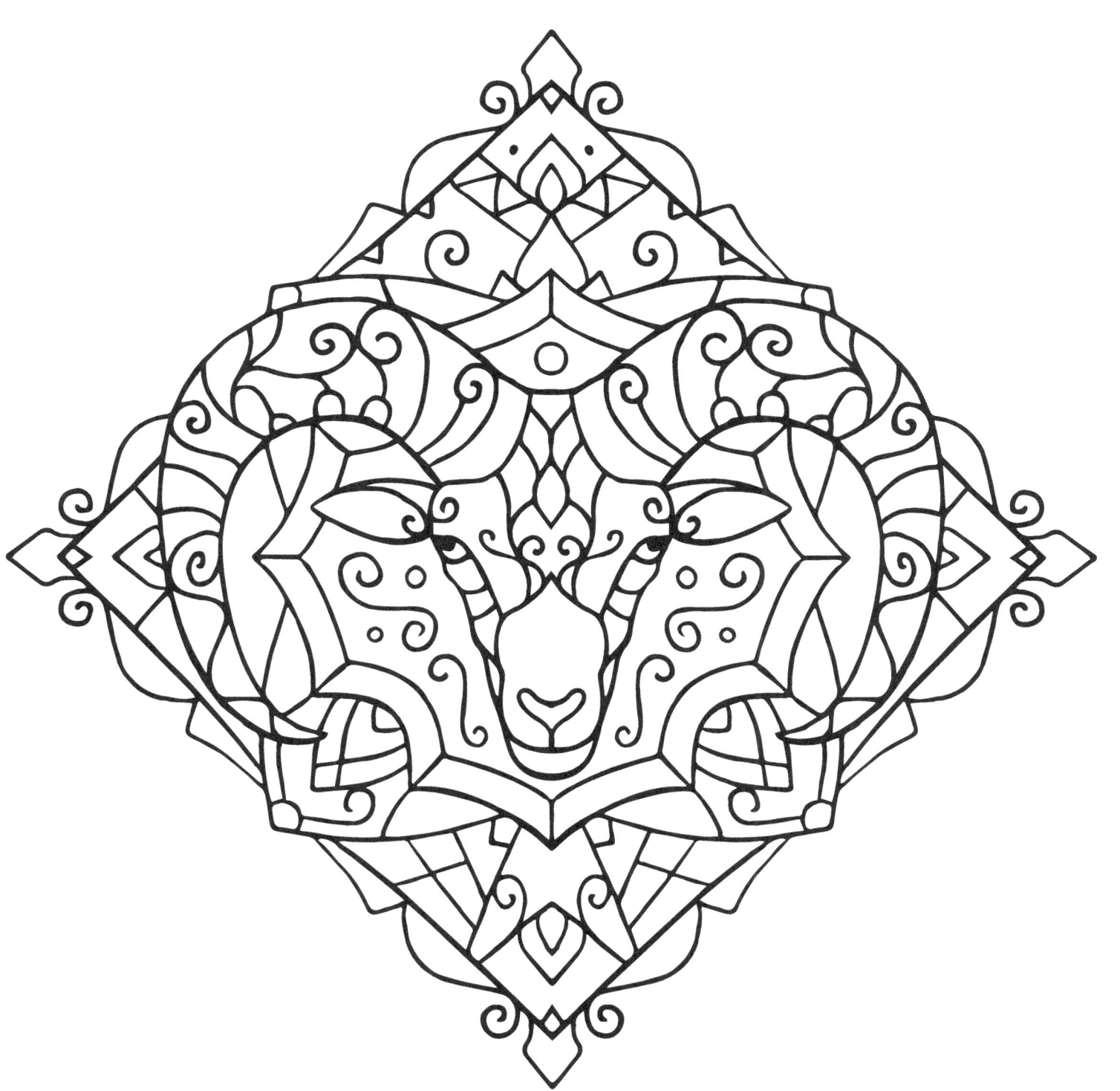

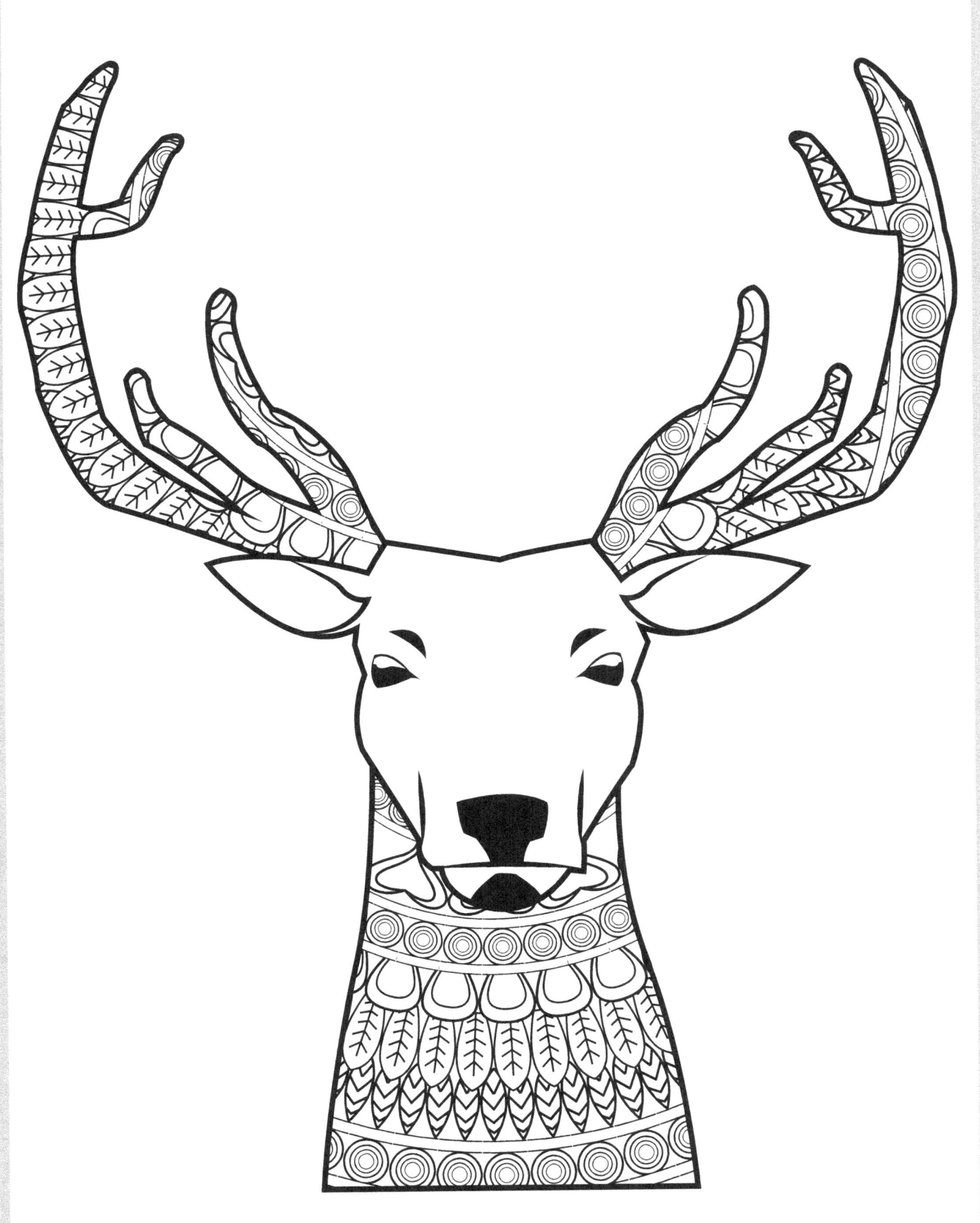

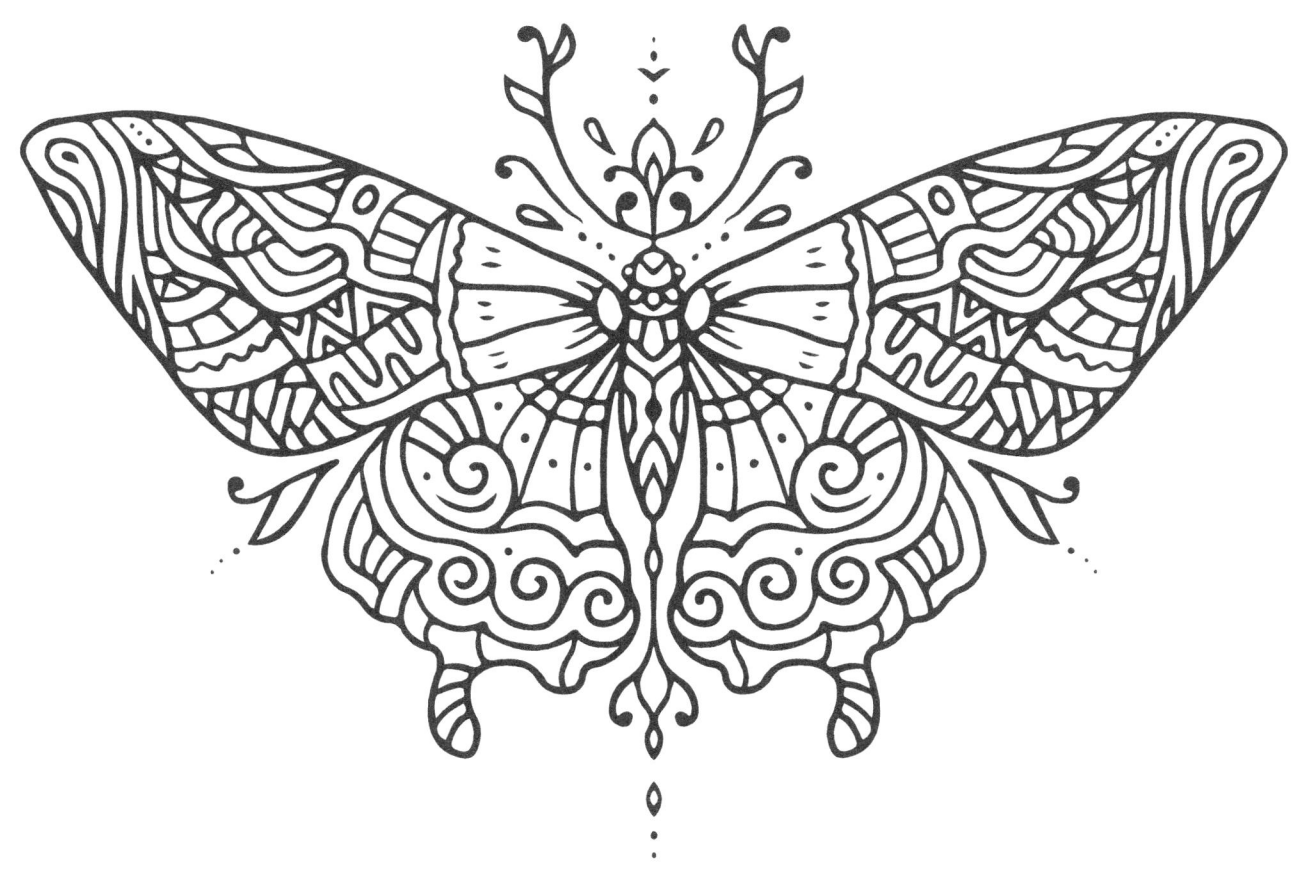

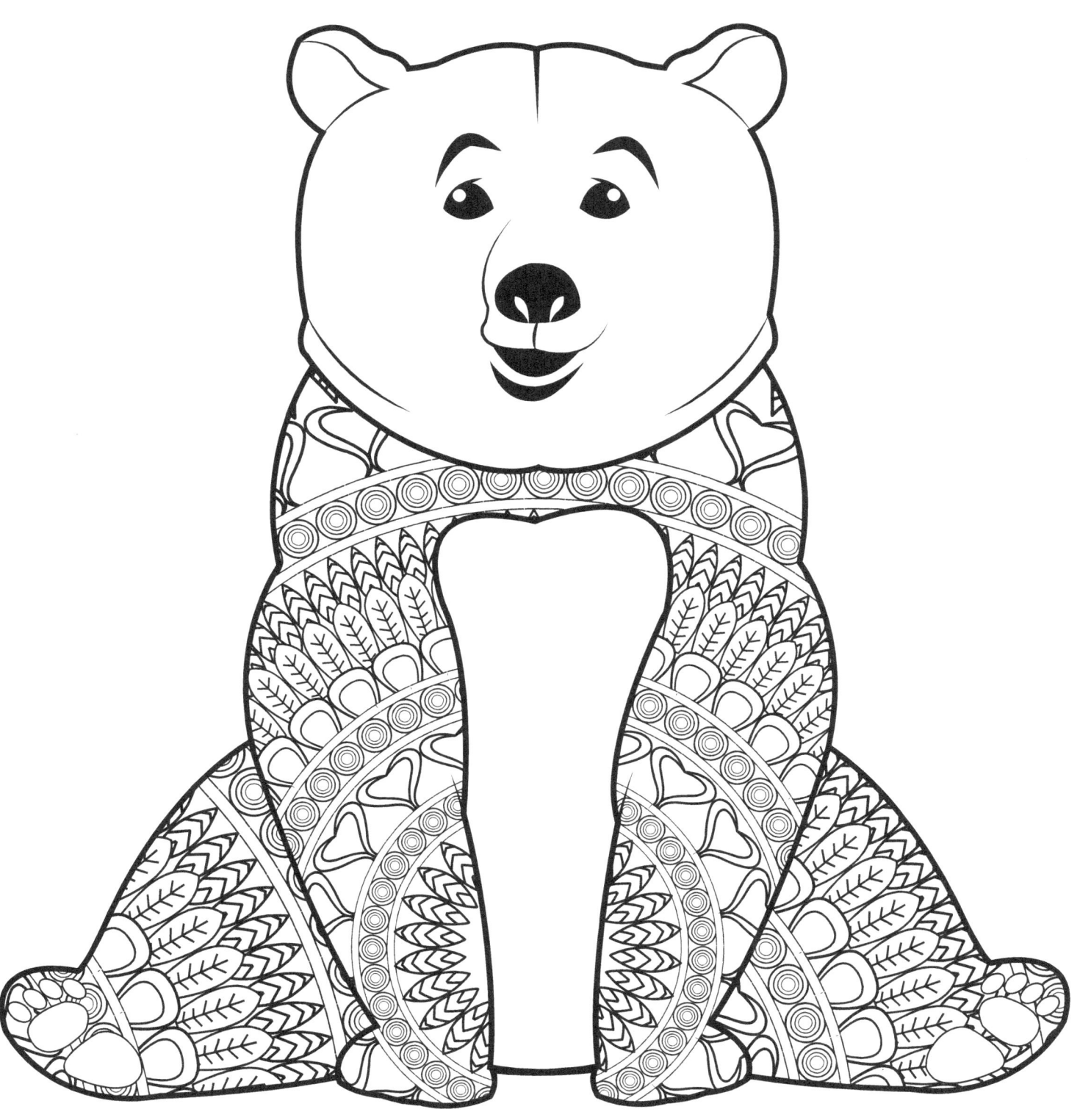

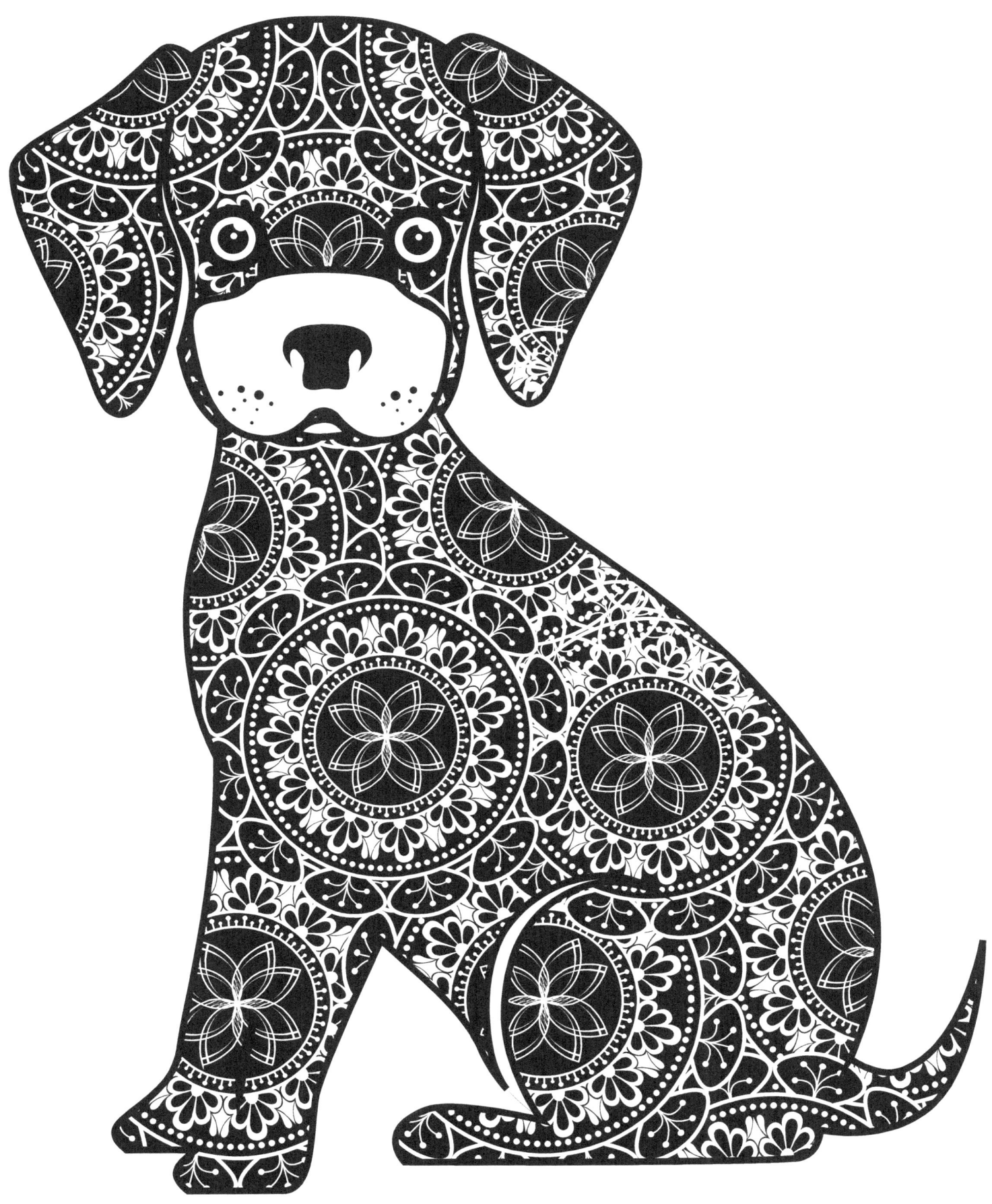

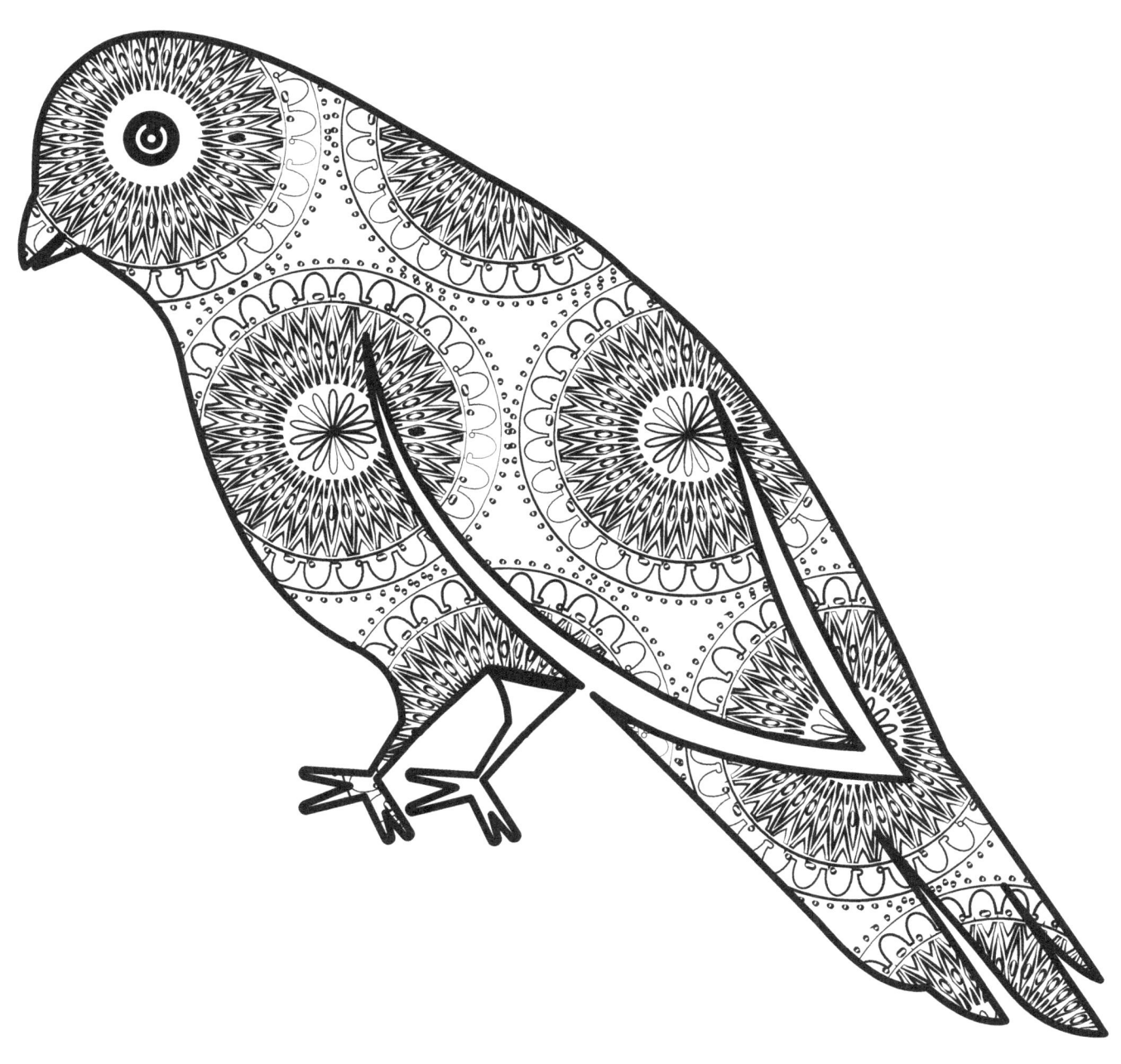

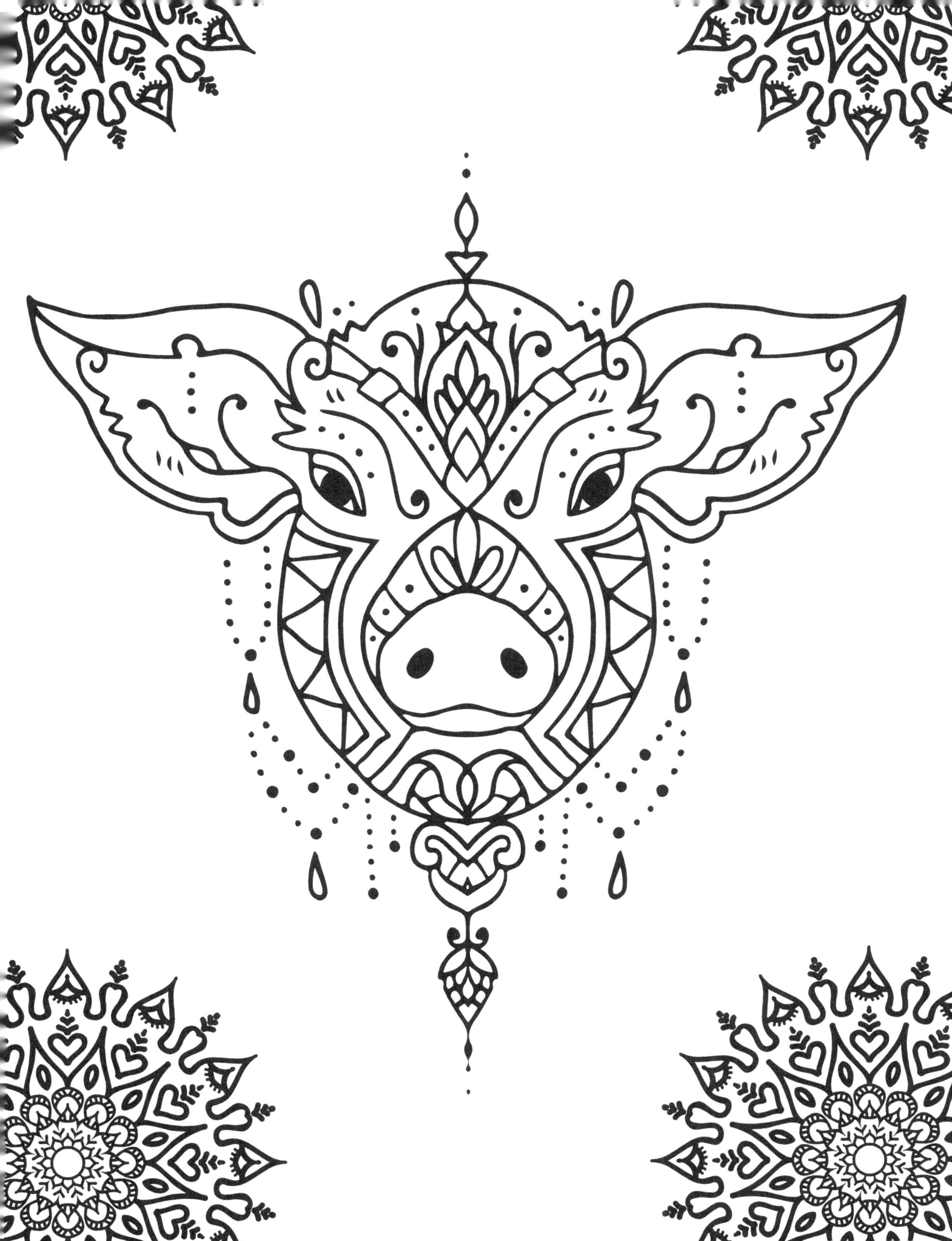

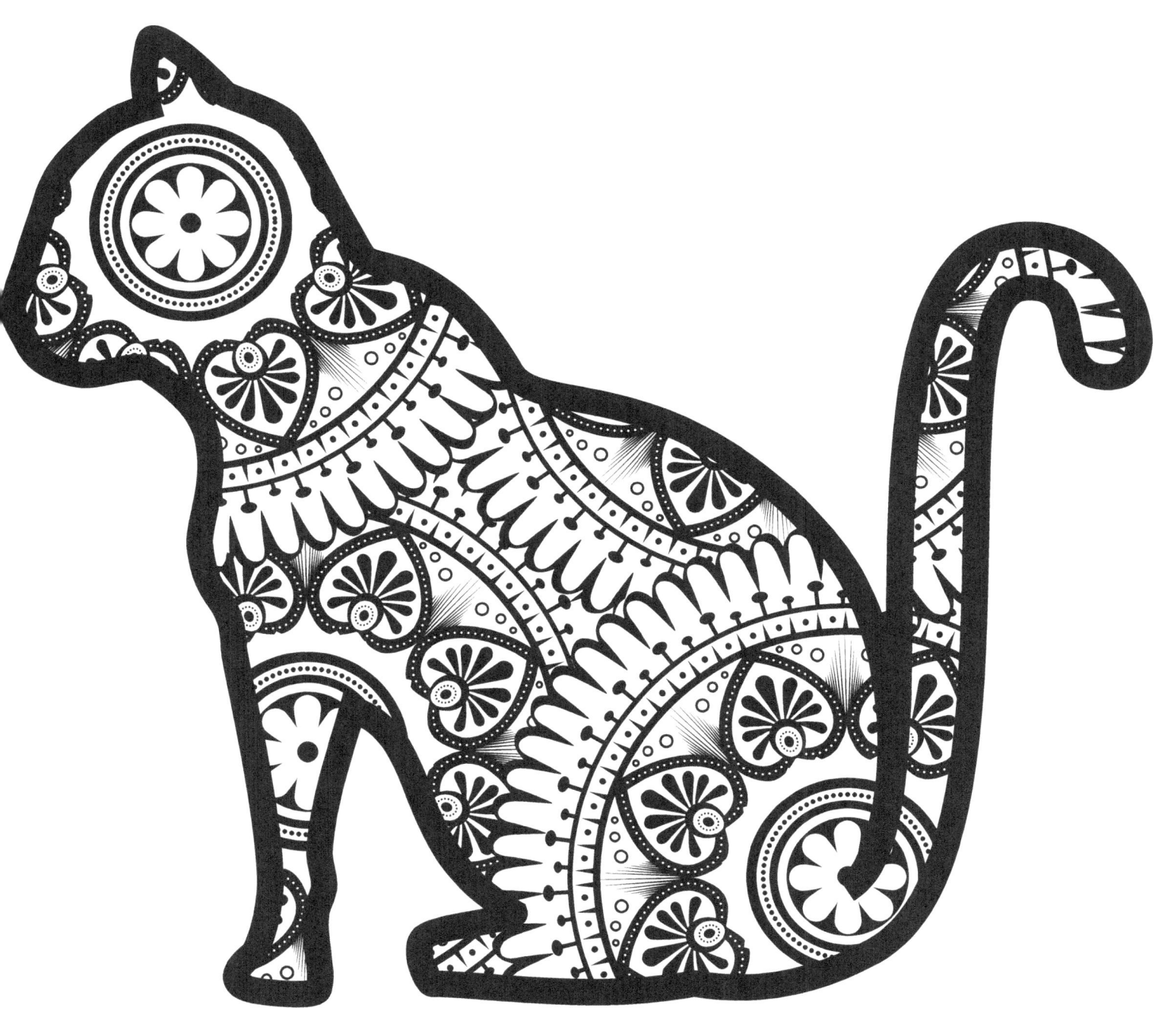

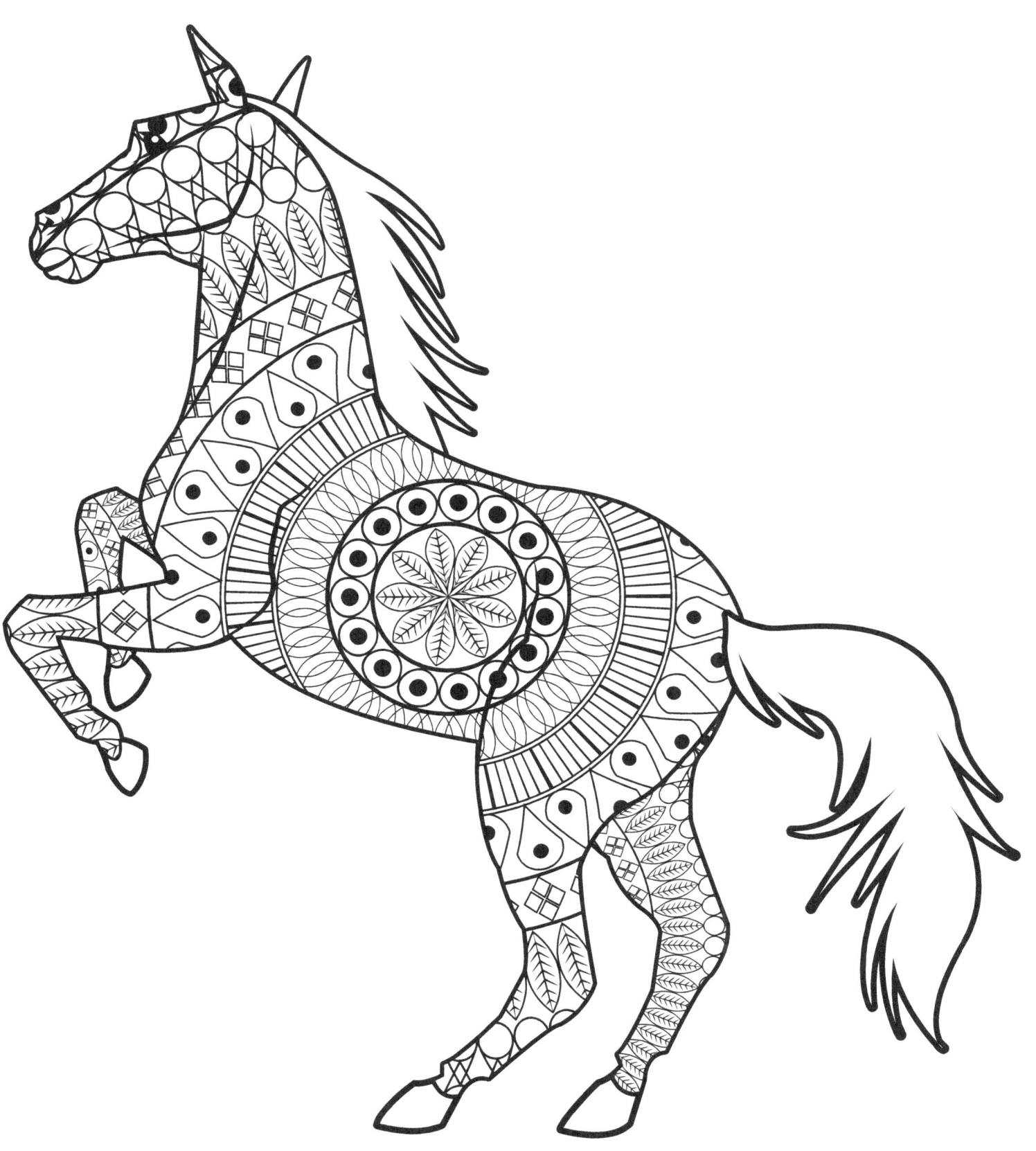

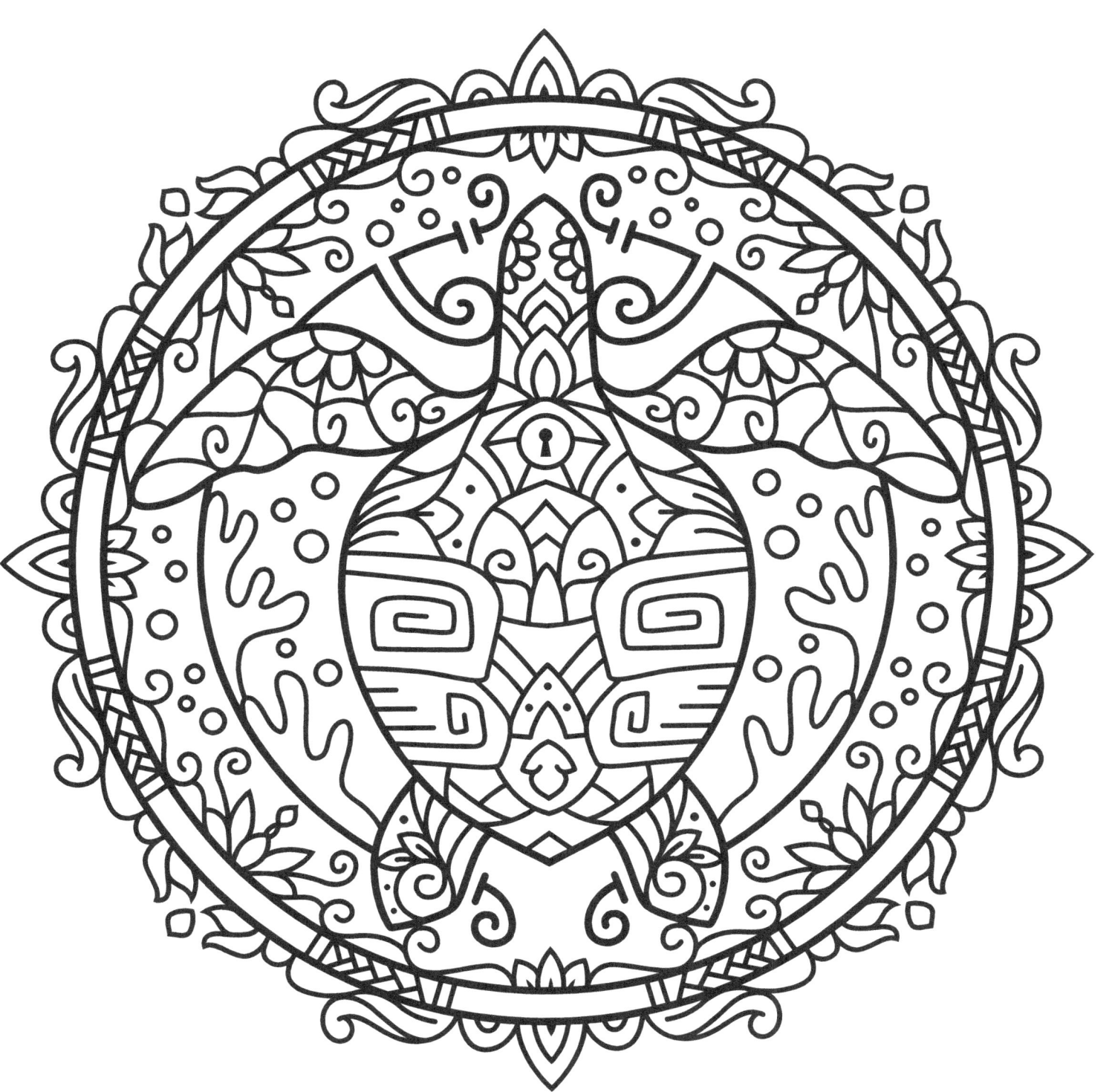

Comment vous sentez vous ?

Si vous aviez une baguette magique, à quoi ressemblerait votre vie ?

Et si vous commenciez dès maintenant une action, pour aller vers cet objectif ?

Notes

Notes

Notes

Notes

Nous espérons que vous avez passé un agréable moment de détente et de relaxation !

CE LIVRE EST CONÇU PAR UN ARTISTE INDÉPANDANT NOUS SERIONS TRÈS CONTENT D'AVOIR VOTRE AVIS SUR LE PRODUIT PAR LE BIAIS D'UN COMMENTAIRE. NOUS VOUS REMERCIONS POUR VOTRE CONFIANCE

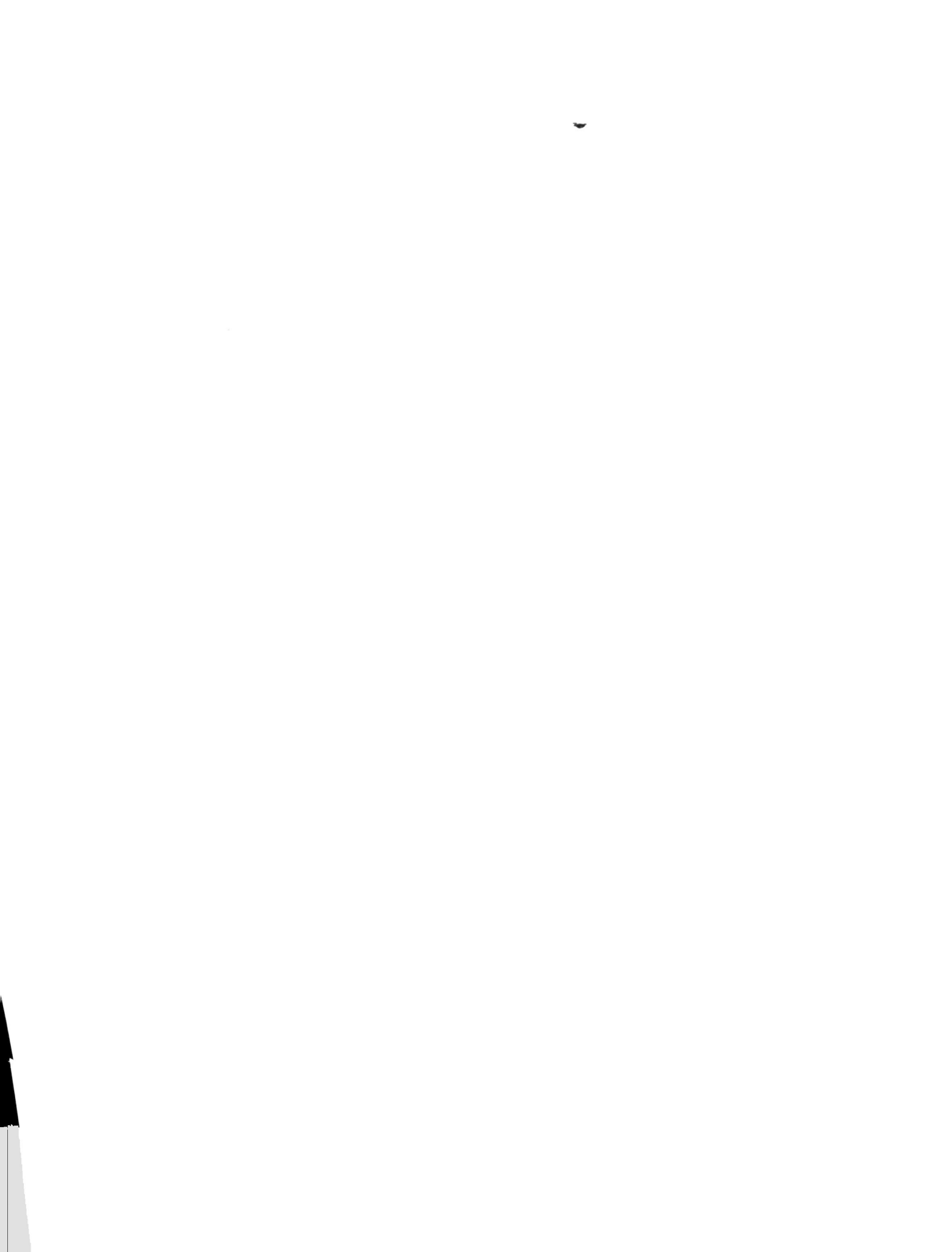